MW01173393

Roberto Molina Solis

LAS VOCES EN MI MENTE
siguen hablando

BARKERBOOKS

◢ BARKERBOOKS

Derechos Reservados. © 2024, **Roberto Molina Solis**

Edición: Sharon Picazo | BARKER BOOKS®
Diseño de Portada: Hillary Natalia Liévano Escobar | BARKER BOOKS®
Diseño de Interiores: Hillary Natalia Liévano Escobar | BARKER BOOKS®

Primera edición. Publicado por BARKER BOOKS®

I.S.B.N. Paperback | 979-8-89204-964-1
I.S.B.N. Hardcover | 979-8-89204-965-8
I.S.B.N. eBook | 979-8-89204-963-4

Derechos de Autor - Número de control Library of Congress: 1-14033583612

Barker Publishing, LLC
Los Angeles, California
https://barkerbooks.com

CONTENIDO

PRESENTACIÓN

El amor es muy difícil de entender; en la búsqueda de explicarlo muchos han recurrido a lo bioquímico y lo fisiológico, y no está mal, sin embargo, también juega un papel muy importante nuestro entorno, las experiencias y las vivencias cotidianas, ya que todo ello es lo subjetivo del amor; los relatos convertidos en poemas de esta obra muestran lo subjetivo convertido en la expresión conductual del amor; en ocasiones con la complicidad, otras con crudeza y algunas con dureza, sin importar lo que el otro siente; aquí se lee la experiencia de lo que trata el autor de expresar de una parte del amor.

El apego y el desapego forman parte del funcionamiento de la mente y el humano trata de discernir entre lo que está bien y lo que está mal; cuando se pierde el autocontrol de la mente se dificulta tener siempre presente al sujeto objeto de nuestro afecto, muchos llegan a experimentar síntomas que incluso les hace creer que están perdiendo la cordura, y es ahí donde entra el dilema del amor, ¿me hace feliz? ¿me hace infeliz?

Aparecen preguntas incontestables, ¿lo amo?, ¿la amo?, ¿lo odio?, ¿la odio?, ¿me da igual?, y entonces la mente empieza a divagar. Y en ese divagar de la mente encontramos muchas controversias sobre el funcionamiento de ella misma y de su normalidad o anormalidad y sobre la necesidad de su atención; aquí se toca de forma superficial, pero no menos importante a la mente y su entorno.

Aquí entonces, tienes este libro como una muestra de todo ello.

Rocío Correa Fuentes

AGRADECIMIENTOS

Quiero agradecer primero que a nadie a la vida misma; a todo lo que he vivido en ella, a todo; me ha hecho ser quien soy y estoy contento con ello; gracias a cada uno de los personajes que me he encontrado en el camino, a todos; gracias a las historias narradas por las voces en mi mente, gracias a que aún hablan, gracias a que aún están; gracias a los que aún me dicen que no deje de escribir.

Espero que en este segundo libro encuentres esa chispa de inquietud que me motiva a seguir escribiendo y que hoy tienes en tus manos; gracias a ti.

Gracias, muchas gracias por estar en este libro.

Real, muchas gracias.

ES AMOR

el amor,
-todos lo sentimos-
de él todos escribimos,
por él -vivimos-

el amor
nos llama, nos llega,
nos entretiene, nos domina,
-de nosotros se apodera-

el amor
nos hace pensar,
nos hace fantasear, imaginar,
creer, soñar, alucinar,

el amor,
-todos lo disfrutamos-
de él todos hablamos,
por él -gozamos-

el amor
nos transforma,
nos cambia, nos convierte,
nos hace mutar,

el amor
nos ilusiona, nos apasiona,
nos anima, nos alienta,
nos da esperanza,

el amor,
-todos lo sufrimos-
por él todos:
-un día lloramos-

el amor
nos vulnera,
nos acobarda,
-nos quita lo fanfarrón-

el amor
nos debilita,
nos evidencia, nos delata,
-a nuestra apariencia mata-

el amor,
-todos lo necesitamos-
es lo más importante en la vida,
es lo de más valor…

                 -no tiene precio-
el amor,
-en todos está-
-en todos se encuentra-
-en todos vive-

                 -está en ti-
el amor,
-requiere de todos-
-requiere de ti-
-requiere de mí-

                 -para vivir-

mirarme a los ojos
y encontrarte ahí,
mirarte a los ojos
y encontrarme ahí,

                 -es amor-

I. UNA VICISITUD, LA MENTE

El hombre y la mente. El funcionamiento normal o anormal de ella por ella misma es, por ende, muy compleja y difícil de estudiar; analizarla desde esa perspectiva es lo que evita muchas veces avanzar en ello. El modo de acción de la mente ha sido buscada desde el origen del mismo ser humano y en un inicio fue vista como algo ajeno al hombre; le atribuyeron una acción divina si todo llevaba un orden preestablecido y como obra de algo extracorpóreo de tipo espiritual demoníaco, maléfico e incluso como producto del pecado si las cosas resultaban mal; hoy, después de descubrir que la mente puede funcionar de forma adecuada o inadecuada por lo que es: el producto del funcionamiento de un órgano propio del ser humano, el cerebro; que está influido e interactúa con el resto de los órganos del mismo cuerpo, por el cerebro mismo, por la mente misma, por los genes y por su ser total social; continuamos sin aceptar, resistiéndonos a darle el crédito.

El desorden en el funcionamiento mental puede iniciar y verse reflejado inmediatamente después de haber sufrido un problema emocional, sentimental o físico y, por ello, ser calificado como "normal" y pasarse desapercibido; algunas veces se pasa por alto debido a que se expresa con cambios de conducta de naturaleza muy tenue a los que se les atribuye subjetividad y no lo que realmente significan. El evento que lo desencadena, solo lo expone, ese debemos de tomarlo como el detonante. A partir de allí, se desencadena el desequilibrio neuro-bioquímico en el cerebro que provoca que la mente trabaje de forma anómala.

La mente y su alteración aún hoy es minimizada e incluso ridiculizada.

TRES HORAS BAJO EL SOL

cierto,
llegué antes de lo previsto,
pero como nunca antes visto,
-tú- no llegabas, no llegabas,

y la verdad,
te esperaba,
-te esperaba con ganas-
con ganas de que ya llegaras,

muchas ganas de verte,
de tenerte de nuevo frente a mí,
de hablar, de platicar, de reír,
de soñar, de ya no imaginarte,

día de sol,
-hora de sol-
el sol en medio del cielo,
-sin sombra que me invitara-

y llegaste al fin,
-me alegraste-
vi la ilusión caminando hacia mí:
tenía tu andar, tenía tu sonrisa,

y, a partir de ahí,
mi día renació,
-el sol irónicamente se ocultó-
¿el resto?, para qué lo cuento,

pero la tarde pasó
y la noche llegó,
la madrugada nos encontró:
-despiertos-

        -la oscuridad
    fue nuestro testigo-

al fondo:
escuchamos el mar,
-confundimos barcos con casas-
casas, cosas, así pasa, ¿por el vino?

y amaneció,
el día terminó,
-fue increíble que empezara-
-fue sufrido que terminara-

y quedó:
en ese lugar quedó,
quedó todo lo que sucedió
-y quedó que la pirámide nos vio-

        y valió la espera:
    -tres horas bajo el sol-

LO EXTRAÑO

extrañaba
que lo hicieras de nuevo,
-no te decía nada-
no es mi estilo, lo sabes,

      pero, me gusta,

lo extrañaba,
me alegras, me atrevo
te lo digo, repítelo,
sin parar,

es bonito,
-sencillamente bonito-
-amorosamente bonito-
-especialmente bonito-

así lo siento,
-sencillamente para mí-
-amorosamente para mí-
-especialmente para mí-

y es que…
-quiero que lo hagas de nuevo-
-quiero que no te detengas-
-quiero que sigas, me apasiona-

lo extrañaba,
-es algo que no quiero perder-
-es algo que me emociona-
-es algo que te sale muy bien-

lo extrañaba
y lo necesito,
-hazlo diario-
yo gustosa,

lo extrañaba,
-hazlo siempre-
seré dichosa,
me siento más valiosa,

hazlo…
yo lo recito,
me dejas sin palabras,
-así eres tú-

¿yo?
pues así soy yo,
pues así somos los dos,
iguales y distintos,

se me va el aliento,
-para qué te miento-
-así lo siento-
-nos pasa a los dos-

y es que…
-quiero que quede escrito-
-quiero que el mundo lo sepa-
-que simplemente te quiero-

lo extrañaba,
mucho lo extrañaba,
solo así, -lo extrañaba mucho-
ya no me hagas esperar más,

lo extrañaba,
mucho lo extrañaba,
solo así, -lo extrañaba mucho-
solo tú me haces sentir así,

    …por favor, por amor, mi amor,
      no dejes de escribir para mí…

CARNAL

18:02 -imagen de una cerveza-
19:18 ¿ya en casa? **-no-**
19:36 ¿a dónde? -evades la pregunta-
20:09 **ya en casa -me dormí-**
20:10 luego, luego,
¿a qué hora pasaron por ti?
20:19 **luego, luego,**
nos regresaron al...
20:29 **pedí cena -ahorita te**
cuento-
20:29 **ando en eso,**
20:43 **pasaron por mí, a las 19:00**
-hubo un problema y regresé-
20:53 **me están esperando ahí**
afuera,
vamos regresando,
-historia de un fallecido, legal-

ya lo de la tarde no lo cuento,
eso que dijiste que pasó,
-no es creíble-
ya no, ya no,

te vi bajar de un auto,
como a las 19:00
y empecé a leer la historia,
-tu historia-

sabiendo que nada era cierto,
lo que leía y lo que veía,
-no coincidía-
no estabas donde decías,

no hacías lo que escribías,
-no lo creía, no otra vez-
sí, otra vez sucedía,
-qué terquedad la mía-

-desde ese momento ya era-
-desde antier era-
-desde aquel helado era-
pero pasó, -era y ya,- solo pasó,

luego fue, -solo fue-
hermoso fue,
pero ya igual no fue,
-ya no íbamos al mismo final-

solo siguió en dirección carnal,
y de eso se alimentó,
así floreció, así siguió,
y así terminó nuestro amor,

y aquel amor
que queríamos salvar,
simplemente ahí:
empezó a morir...

SIN MIEDO

así,
-así te imagino-
con corazones en tus ojos,
-dibujados por mi mente-

así,
-así me imagino-
con corazones en mis ojos,
ocultados por mi mente,

así,
-así nos imaginamos-
con corazones en nuestros ojos,
-intoxicados por la misma razón-

sin justificación,
-no la encontramos-
-no la queremos-
¿para qué la buscamos?

sin justificación,
-no la merecemos-
-no la esperamos-
¿para qué la preocupación?

sin justificación,
-mi corazón no la pide-
-tu corazón no la necesita-
¿qué procede?

así,
-así te imagino-
-con muchos besos sobre ti-

-pintados por mi mente-

así,
-así me imagino-
-con todos tus besos sobre mí-
-borrados por mi mente-

así,
-así nos imaginamos-
-con besos sobre nosotros-
sobredosificación de seducción,

sin justificación,
-simplemente, no la hay-
-simplemente, así sucede-
¿qué hacer?

sin justificación,
-pensar y pensar no funciona-
-pensar y pensar la locura está-
¿aceptación?

sin justificación,
-mi corazón no la exige-
-tu corazón no la demanda-
¿nos decidimos?

-sin miedo-

18

TIC, TOC, TIC, TOC, TIC, TOC

un piano escucho,
-vienes en mi recuerdo-
-el silencio aparece y se va-
la música así es,

tonos suben, tonos bajan,
el piano acelera y se detiene,
-vuelven los silencios-
la música así es,

el sonido sigue,
el ruido se repite y se repite,
el piano toca y no lo mismo,
-me quedo en silencio-

me paralizo:
-escucho un tic, toc, tic, toc, tic, toc-
acompañado de silencio,
la música así es,

y me lleva a ti y te trae a mí,
-más ahora que ya no llamas-
-más ahora que más callas-
y hoy, el piano no deja de sonar,

y sé que donde estás,
-estás feliz sin mí-
y sé que antes de mí,
-también eras feliz-

¿después de mí?
-también-
¿también será así?
-seguro que sí-

mi mente se va,
se va hacia ti,
insistente dentro de ti,
se ancla a ti, sí,

-te quiere detener aquí,
conmigo-

y el piano se pausa,
-parece morir, agoniza, paraliza-
resurge de nuevo, alerta
y despierta mis sentidos,

el tono se acopla a mis latidos,
-el piano me recuerda a ti-
pausado, acelerado e insistente,
-las notas manipulan a mi mente-

no puedo con el piano,
le digo: ¡detente!,
-ya no puedo-
-yo no lo soporto-

-escucho un tic, toc, tic, toc, tic, toc-
se repite sin cesar,
me hace pensar, pensar en ti,
la música así es,

seguirá la mañana así,
así, -pensando en ti-
-acompañado del piano-
la música así es…

CONFINAMIENTO

contraindicación verte,
-miedo de acercarme-
soportar más tiempo,
-es extrañarte más-

contraindicación abrazarte,
-miedo a enfermarte-
-es una necesidad aislarme-
no te acerques, detente,

contraindicación besarte,
-miedo a contagiarte-
-soportar a lo lejos amarte-
no camines, detente,

-eso me dice la voz de la razón-
-eso por inteligencia se impone-
-eso lo escucha el corazón-
-eso, eso, eso activa mi negación-

y más aún cuando me dices:
-por mí ya estuviera ahí, a tu lado-
en este espacio vacío, justo ahí,
-eso, eso, eso es una revolución-

¿lo piensas en serio?
¿voy o me quedo?
¿vienes o no te espero?
¿quieres? ¿quiero?

la contraindicación era verte
y estaba desde el inicio,
mucho miedo generaba,
-todo se venció-

la contraindicación era abrazarte,
y estaba desde el inicio,
que lo necesitaras no lo aceptabas,
-simplemente, se dio-

la contraindicación era besarte,
estaba desde el inicio,
que te gustara no lo creías,
-pero sucedió-,

ahora,
-soportar seguir queriendo-
-soportar esas letras formar-
"no te vayas", "quédate",

ahora,
-soportar a lo lejos amarte-
-soportar leerte escribir-
"camina", "ven a mí"

ahora,
-soportar estar enamorado de ti-
-soportar al juicio ahogar-
-soportar nuestra terquedad-

hoy,
-a un año del confinamiento-
te sigo amando, te amo,
y sigo aguantando:

       "no te vayas, quédate,
         camina, ven a mí,
        estoy aquí, para ti"
       -solo te quiero aquí-

TODO EN SU LUGAR

y todo sigue igual,
-todo en su lugar-
el mundo sigue su rotación,
-la luna lo sigue con devoción-

¿y yo?
-me vuelvo a preguntar-
miro, miro que todo sigue igual,
-todo en su mismo lugar-

se mueve todo como siempre,
-sucede lo mismo de siempre-
vuelan mis ideas,
-en mi mente apareces-

te veo sonreír, te veo feliz,
te veo risueña, te veo,
te veo que me ves, te veo coqueta,
-así eres tú-

y todo sigue igual,
-todo en su lugar- del clima,
del sol y del mar ni hablar,
-marcha todo como debe marchar-

¿y yo?
-me vuelvo a preguntar-
miro, miro que todo sigue igual,
-todo está como debe estar-

escucho a muchos gritar,
a otros llorar,
a otros reír,
-todo normal-

mi pensamiento me habla,
-dice que estás ahí-
mi mente lo sabe,
-que no saldrás de ahí-

te veo,
caminas lento,
aceleras, corres,
-tu estilo-

y todo sigue igual,
-todo en su lugar-
el espacio y el tiempo,
-nada qué reclamar-

¿y yo?
-me vuelvo a preguntar-
miro, miro que todo sigue igual,
-todos vienen, todos van-

y yo estoy aquí,
-escuchando a la razón-
te veo a ti,
-dueña del escenario-

ordenas, mandas,
todo arreglas,
-dejas tu marca-
no se borra tu silueta,

y miro,
miro que todo sigue igual,
todo, todo,
todo como debe estar,

¿yo?,
enamorado de ti,
¿y tú?,
-ya no me quiero preguntar-

estás como siempre estás,
-siempre como siempre-
sigues jugando, a hacerme creer,
-que estás enamorada de mí-

¿CUÁNDO?

¿cuándo nos abrazamos?
-es la pregunta sin respuesta-
hace ya varios meses,
-la duda crece y sigue creciendo-

¿cuándo nos abrazamos?
-la pregunta fue de juego-
en aquella plática fue,
-y la respuesta no aparece-

¿cuándo nos abrazamos?
-es muy desesperante-
no hay solución viable,
-y la situación a ambos entristece-

-los números suben-
-los números bajan-
-los números se estabilizan-
eso dicen, pero,

    a nuestro amor no le importa,

-los números no se creen-
-los números no se toman en cuenta-
-los números no son reales-
eso se dicen, pero,

    a nuestro amor no le atañe,

-los números nos alarman-
-los números nos alertan-
-los números nos retienen-
eso dicen, pero,

    a nuestro amor no le interesa,

¿cuándo nos volveremos a abrazar?
¿cuándo, cuándo, cuándo?
¿sabes lo que significa?
¿sabes lo que representa?

nos volveremos a abrazar
y sabremos que se superó
-que lo hemos logrado-
-que sigue al amor de nuestro lado-

nos volveremos a abrazar
-y la chispa resurgirá-
nos volveremos a abrazar
-y entonces parará el miedo-

tenerte y no soltarte,
-nunca más-
pero,
¿cuándo nos abrazamos?

ya falta menos,
¿es el amor esperanzador?
y ¿entonces?
¿cuándo nos abrazamos de nuevo?

A NUEVE DÍAS

una promesa,

a nueve días, a nueve días,
han pasado muchos más,
tantos días,
-que es doloroso contar-

¿cuántos desde el último abrazo?
una promesa,
a nueve días, a nueve días,
-nos sucede siempre-

¿de verdad?
que leerlo genera alegría
y también dolor,
-sí, alegría y dolor-

alegría por leerte a diario,
-dolor por no tocarte a diario-
por saber que estás
y por no poder abrazarte,

pero,

una promesa a nueve días hoy,
es de esperanza,
es de melancolía,
es de confianza,

una promesa a nueve días hoy,
-desde ese día-
sí, desde ese día,
-faltan nueve días-

sí,
positividad en ti,
me ilusionas,
quieres mirarme, tocarme,

-abrazarnos-

sí,
seguro me gusta verte,
-no necesitas convencerme-
hecho está,

difícil creer,
al leer, al ver,
pero veo que:
veo que es real,
veo que es formal,
veo que te veo,
veo que me ves,
veo que nos vemos,
veo que somos,
veo que estamos,
veo que ...

y faltan nueve días,
-de esa promesa-
lo necesitamos,
-después de muchos días-

-abracémonos-

FALTAN CINCO

día veinticinco,
faltan cinco,
desde ya ni recuerdo,
ya es mucho tiempo,

día veinticinco,
faltan cinco,
¿pasarán volando?
-el tiempo es ahora lento-

día veinticinco,
faltan cinco,
-no avanza el reloj-
-no se mueve el calendario-

-el tiempo bromea a su antojo-

faltan cinco
-y llegará el treinta-
es pesada la cuenta,
-la de recordar-

faltan cinco,
¿te veré? ¿me verás?
¿eso cómo será?
¿cómo nos veremos?

faltan cinco,
¿verás lo que querías ver?
¿veré lo que quería ver?
¿será lo que esperamos?

día veinticinco,
faltan cinco,
y mi mundo es un caos,
y tu mundo un desconcierto,

¿cierto?

día veinticinco,
faltan cinco,
¿se superará?
-nuestra angustia-

día veinticinco,
faltan cinco,
y los que vengan,
-hasta el final de mi tiempo-

cinco faltan,
-y llegará el treinta-
es pesada la cuenta,
-la de soportar-

te abrazaré y mostraré:

qué te extraño,
qué te quiero,
qué te amo,
qué sigo enamorado de ti,

-miedo de lo que venga-

MAÑANA

en estas líneas,
-estoy pensando en ese día-
-el que estamos esperando-
para decirnos:

"hasta mañana"

¿cómo estamos?
-escribo pensando en ese día-
¿no ha sido ya suficiente?
¿aguanta más nuestra mente un?

"hasta mañana"

hoy lo escribo,
mañana lo leerás,
y lo mejor -nos tocaremos-
y luego habrá un:

"hasta mañana"

¡hola!
¿nerviosa?
-sin preocupación-
te escucharé decir:

"hasta mañana"

¿cómo estamos hoy?
por lo de ayer y antier,
-por todo-
¿cómo se siente sin escuchar un?

"hasta mañana"

es distinta la frase hoy,
-hoy se lee distinto-
-la promesa es conocida-
y se siente mejor decir:

"hasta mañana"

es otro cuento,
-otro que no parece el nuestro-
ha pasado ya casi de todo
y, por eso, queremos otro:

"hasta mañana"

falta un día,
-sin preocupación- pero,
-miedo me da pensar escuchar-
mañana un:

"hasta mañana"

II. LA MENTE Y LA REALIDAD

Cuando una persona pierde el contacto con la realidad es más fácil decir que la mente no está bien; pero esta aseveración es solo hecha cuando suele ser muy evidente y tangible; existen otras circunstancias del funcionamiento anormal de la mente que nadan en el subsuelo de la aceptación social.

La mente ha enfrentado eventos de mal funcionamiento desde que tenemos historia de ser humanos; lo único que ha ido evolucionando es la interpretación que se le ha dado a ello y a la manera de cómo intentar resolverlo.

En la actualidad, la anormalidad del funcionamiento de la mente continúa esperando ser vista por el hombre mismo como una entidad que existe y que debe ser aceptada como una actividad fuera del control personal y, por ende, que requiere de ayuda especial; y aceptar que cada ser humano tiene un porcentaje probable de que le suceda.

VEN POR MÍ

al fondo, el fondo está,
y ahí estoy en el final del final,
al final, solo, sin ti, sin mí,
-solo solo, sin la nada-

ya se fue
y quedé solo en el fondo,
muy al fondo, parece,
-parece que no termina el fondo-

en el fondo,
-parece que hay más fondo-
está oscuro, no veo, no te veo,
-te extraño-

extiendo mis brazos,
abro mis manos,
nada toco, ni la nada toco,
-ni ella está-

no alcanzo el fondo,
no lo hay,
¿solo espacio? ¿solo eso hay?
¿es la nada? ¿regresó?

aquí estoy
¿en la entrada o al final?
-de la nada-
mis brazos extendidos,

                -no te tocan-

estoy en el mismo lugar,
sin poder salir,
la verdad no quiero salir,
no puedo, no debo,

¿salir? ¿sin ti?
no necesito salir,
no sin ti, sigo aquí, ven,
-simplemente ven-

¿harás algo?
¿hay algo a mi alrededor?
¿algo que no veo?
-sigo sin ver-

está oscuro,
-oscuridad total-
¿mis ojos están cerrados?
tú eres la luz, eres mi luz,

                -aquí estaré, solo ven-

TRES PUNTOS AL FINAL

no lo sé, yo no lo sé,
te juro que no lo sé,
-que fue-
lo que vi en ti,

-sí- en ti,

no lo sé, yo no lo sé,
solo sé que no lo veo
en nadie más y,
que siga siendo así,

yo no quiero,
no en nadie más,
-no-, solo en ti,
aunque no sé qué es,

eso siento,
eso veo, que no sé qué veo,
-en una balanza-
recuerdo y añoranza,

solo tú,
discúlpame,
pero no sé qué vi en ti,
-eso me gusta-

no quiero investigar,
no quiero escudriñar,
no quiero, pues estás,
-es lo que importa-

felicidad, alegría,
sorpresa, emoción,
al verte, al tocarte,
-al abrazarte-

te descubrí
y descubrí que
me haces feliz,
-afortunado-

no me urge saber,
-todo se olvida al verte-
-todo se olvida al tocarte-
-todo se olvida al abrazarte-

y al cerrar los ojos,
y al callarnos,
y al abrazarnos,
-es como viajar a la luna-

¿entonces?
¿para qué saber?
-mejor así-
y a esta historia:

-cerrarla con
tres puntos al final-

CRECIENDO

-sí-
vas creciendo con creces,
-poco a poco vas conociendo-
-poco a poco vas descubriendo-

y te das por enterada,
-ya no te desespera-
¿ahora ríes?
¿ya comprendes?

ves más claro,
-tu mente se activa-
-ya no asusta-
se aclara tu futuro,

atrás queda tu ansiedad,
-vas creciendo-
aclaras tu duda,
-ya no cuestionas-

escuchas al mundo
y no estás de acuerdo,
-no te convence-
¿miedo?

-te espanta-
y sientes algo más que miedo,
-te paraliza-
-te quedas fría-

eso te molesta,
-sientes decepción-
-te frustra más-
lo hace menos soportable,

-es imperdonable-
ya tienes conocimiento,
-vas creciendo-
-te entiendo-

-vas en el proceso
y crees que no vale la pena-
-lo sé, todos pensamos lo mismo
en ese momento-

¿qué plan frente al barranco?

ninguno, no hay plan, no lo hay,
-está todo dentro de ti-
-está todo fuera de ti-
es para conocer,

-es para crecer-

MIL PIEZAS

mil piezas,
-eres una y eres mil-
me representas un acertijo,
-un rompecabezas-

mil piezas,
y resultas tú
-ser la primera y la final-
-enterita-

bonita como solo tú lo eres,
-y así te elegí-
-y así tú a mí-
-así-

así te tengo
y así me tienes,
-en esta etapa-
-tu nueva etapa-

nueva sí,
-la que llega-
porque siempre llega,
-y siempre nos cambia-

mil piezas,
-las piezas son mil-
y estás en mí como una sola,
dentro, en el corazón,

guárdalo en tu memoria,
-en la una o en la otra-
-en la interna o en la externa-
una era mía,

pero ya no,
ya es tuya,
-ya te la di-
desde hace mucho,

y ya quedó así,
-en ti, en mí-
-en las memorias-
-en la tuya, en la mía-

                    -en la de los dos-

gracias,
gracias amor,
-por ser siempre así-
-por llevarme en ti-

gracias,
-por hacerme ser así-
-por estar conmigo-
-por quedarte aquí-

ES CIERTO

"no es cierto"
"no es cierto"
te escuché decir,
-lo sentimos, lo vivimos-

cerraste los ojos,
-en ese momento lo dijiste-
-que así lo sentiste-
-que no lo podías creer-

y dijiste que:
no sabías que lo podías sentir
y por primera vez conmigo:
-un privilegio-

lo sentiste así,
-cierto-
tu duda, si dudaste se fue,
-perdón-

"no es cierto"
"no es cierto"
lo dijiste por primera vez,
-ahí-

en ese momento,
-de repente-
habló la mente,
-escuchando al corazón-

y no podías creer
-lo que podías sentir-
y no podías creer
que era conmigo,

y no podías creer
-que lo querías repetir-
-hoy te vi caminar hacia mí-
-te quiero abrazar-

para volver a escuchar:
"no es cierto"
"no es cierto"
cuando ya sabes que:

"es cierto"

-que sea para siempre-
-que salga de tu corazón-
-que sea para siempre-
-sin justificación-

TIEMPO

¡sorpresa!
-no vino-
el tiempo me sobró,
¡hubo mucho tiempo!

la verdad,
no supe qué hacer,
lo miré, me miró,
-nos miramos-

hemos vivido juntos,
-siempre rezongamos-
no estamos de acuerdo,
-por razones de la vida-

complicada vida,
-ayer me sobró tiempo-
reservé el día,
-lo aparté-

lo agendó el corazón,
lo avaló la mente,
-ayer-
simplemente no llegó,

por eso hoy,
-por donde caminé-
-muchos huecos encontré-
-muchos espacios sin llenar-

me pregunté:
¿cómo los llenaré?
¿así los dejaré?
¿o solo los recordaré?

según yo,
-ya mi vida era contigo-
-ya no necesitaba más-
-ya tenía contigo mi final-

¿y qué haré mañana?
-no lo sé-
las verdades, las dudas,
-todas quedaron-

en fin,
llegó el fin,
me quedé con tiempo
y espacio hoy,

y
¿qué hago?

¿HABLAMOS?

de mentira,
de verdad,
de dudas,
-de nosotros-

de incertidumbre,
de falsedad,
de terquedad,
-de nosotros-

de necedad,
de lo no real,
de la costumbre,
-de nosotros-

-me cuestas trabajo-
-no entiendo-
no dices más,
nada cierto,

no haces nada,
-nada por remediar-
me dices hoy:
-fue tu decisión-

¿mi decisión?
¿tenía otra opción?
aparece tu ironía,
tu soberbia,

"una oportunidad"
"un favor"
honestidad,
"favores"

ese día no hablaste,
ni el anterior,
no supiste qué decir,
-desde el principio-

no quieres hablar ya,
es tu argumento y
lo repetirás:
"no mentí" "no miento",

"infinitas veces se habló"
círculo y círculo,
¿tu estrategia?
-no hablar-

"las cosas o son o no son"
¿y el corazón?
¿y la mente?
y agregaste:

"por ratos"
"a medias",
"no se puede de verdad"
"no me merezco el trato"

DECEPCIÓN

-fidelidad-
-honestidad-
¿definición?, no,
no es necesario,

        ¿por qué?

¿qué esperabas en ella?
¿acaso las esperaba en ella?
¿existió alguna?
¿al menos una?

me veo,
me leo,
y sigo sin entender,
-mi mal es creer-

es mi fantasía,
es mi centro de ser,
ahora lo sé,
-bien que lo sé-

ya me lo imaginaba,
ya me vanagloriaba,
ya me lo presumía,
y, ese día,

lo veía y lo veía,
lo oía y lo oía,
y sí, sí, no coincidía,
pero

¿qué buscaba?
¿qué quería?
sí ahí,
ahí en frente la tenía,

lloraba,
lloraba mientras explicaba,
y al final,
-en un abrazo quedó-

-fidelidad-
-honestidad-
muy pesadas para cargar,
muy difíciles de alimentar,

por eso hoy,
tú frente a mí,
veo cómo nuevamente perdí,
-cansado ya-

-ya no las busco-
larga vida,
-viva el rey-
-muera el rey-

sin temor,
la vida sigue,
sin rencor,
la vida sigue,

un amigo me dijo:
"tienes suerte con ellas,
pero no te envidio,
te decepcionas más veces"

-y aquí estoy,
regocijándome de dolor-

VIVE EN MÍ

no recuerdo,
no recuerdo ya
cuando empecé a sentir así,
-real-

no recuerdo,
no recuerdo ya
cómo empecé a portarme así,
-real-

no recuerdo,
no recuerdo ya
cuándo continué así,
-real-

menos recuerdo
por qué sucedió así,
en qué momento lo decidí así,
¿fue por mí? ¿fue por ti?

ya no lo sé,
yo no lo sé,
-real-
no sé si ponerle fin,

¿le pondré fin ahora?
-o moriré antes-
¿será mi final?
¿quiero eso?

¿quiero terminar con esto?
¿quiero llegar al final contigo?
¿qué quiero?
-siempre mi pregunta-

-siempre mi respuesta-
y nunca me convence,
por ella misma, por ti,
está en mí,

siempre está en mí,
sí, todo por ella,
-a ella la busco en ti-
-real-

y te busco en ella,
-ayer, hoy, mañana-
ya no quiero más,
-vive en mí-

-se parece a ti-
-se pareció a ella-
hoy,
¿sé cómo acabará?

creí que contigo
la había compaginado,
eres quien más se había acercado,
y hoy:

-me has abandonado-

INSOMNIO

así
-se apoderó de mi mente-
-me invadió-
-revivió-

poco a poco
me cubrió,
me inmovilizó,
-se carcajeó-

lentamente,
se hizo presente,
lo reconocí,
-lo recuerdo-

-no miento-
mi voz se ahoga,
la angustia surge,
y a mis músculos paraliza,

manda sobre mi mente,
-ya lo había olvidado-
hace mucho yo ya presumía
que dormía bien,

un café cargado me dormía,
-la oscuridad mi compañera-
-la soledad siempre presente-
tenía de ello evidencias,

hoy pasa el tiempo,
-no es aliado-
la luna se asoma,
-por el otro lado-

tímida,
me compadece,
-se mueve-
¿y qué sigue?

sigo despierto,
pienso y pienso,
recuerdo y recuerdo,
él le da vueltas a lo mismo,

lo mismo frente al abismo,
-lento-
tiempo cruento,
-lo cuento, lo cuento-

le pregunto al segundero,
el reloj ya va a sonar,
¡el despertador!
-me encuentra despierto hoy-

la noche sin parpadear,
-el control es solo ilusión-
sin tranquilidad no hay sueño,
sin verdad solo hay mentira,

-al final, insomnio-

TU IMAGEN

niña,
-mi niña-
¿niña eres?
niña creo que ya no,

tu imagen,
-esa imagen creció-
y frente a mí,
-esa imagen ya desapareció-

mis ojos te miran,
miran tus letras,
-todo tiran-
tarde entendí,

-siempre fue parte de ti-
esa noche te vi,
vi a la niña que me enamoró,
que dominaba el arte,

el valor,
con valor,
aposté mi vida,
-la que me prometí-

todo mi resto,
-aun con cartas marcadas-
y vi,
vi que tu juego no entendí,

no era en serio, y vi,
vi que sí,
que sí era un juego para ti,

y así pasó,

terminó,
-normal-
y vino el día,
y varios más,

la niña nunca regresó,
-en lo mismo siguió-
aún la recuerdo,
me esfuerzo,

asombroso e impresionante,
mirarte, mirarme, escucharte,
¿quién con la mejor parte?
-la no niña-

la que ya no eres,
-debe ser por eso-
la niña no existe más,
¿mejor?

mis ojos buscan los tuyos,
-ya no encuentran lo mismo-
¿no veía lo que creí?
-ilusiones y fantasías-

¿las formé yo?
el pedestal vacío quedó,
ahí estabas,
te bajaste,

                    -me equivoqué-

CALLADITA

me gustaste,
-llamaste mi atención-
bien portada,
atenta, cordial,

cumplida,
-jovial e interesante-
derechita, peinadita,
distante,

me miraste,
-mi dirección cambiaste-
me encontraste a tiempo,
-esperé por ti-

y, al fin,
-miel sobre hojuelas-
procuración sin triquiñuelas,
sin nada que reprochar,

ilusionado,
soñado,
-enamorado-
todo de ti, por ti,

nada negabas,
-nada decías-
solo sí, solo no y no lo sé,
-a eso me acostumbré-

con risas lo celebré,
y te creí:
-no me gusta decir mentiras-
pensé que, por decir verdad,

eso,
-aún me retumba-
cabos de atar,
-conclusiones sacar-

-no querer-
-no querer decir mentiras,
por no saber decir verdad-
-es tu verdad-

y lo vi, lo viví,
por eso tan calladita,
por eso tan bonita,
por eso tan disciplinadita,

y entendí:
que no hablas para no mentir,
pues decir mentiras no es lo tuyo,
y no lo es por no saber decir la verdad,

y la mentira,
no lo niego,
te sale muy bien,
-te la crees-

vivirás así,
con cara de bondad,
llena de dulzura,
llena de hermosura,

con fuego intenso
he incontable pasión,
¡felicidades!
-pero sin verdad-

PUNTO DE QUIEBRE

-me has notado distante-
y me preguntas:
¿por qué?
-me da vueltas tu pregunta-

¿no lo notas?
¿de verdad no lo sabes?
¿cómo te gustaría mi trato?
¿qué cambiarías?

-quiero que lo digas-
-lo cambiaría-
dime,
-solo dices que yo no era así-

¿y tú?
¿te preguntas?
¿por qué seguimos aquí?
¿por qué nos aceptamos aún?

¿culpa de quién?

así me aceptaste,
-así te enamoraste-
así te acepté,
-así me enamoré-

-un punto de quiebre-
hoy sabes cuando fue,
adopté tu estilo,
-y mira cómo vamos-

anímate a preguntar:
¿pasa algo?
aunque respondamos:
-nada-

y nada,
nada ha sido nada,
¿hasta cuándo?
-real-

¿la diremos?
¿la soportaremos?
y, después,
¿cómo nos miraremos?

¿será para bien?
¿será para terminar?
-nuestro amor-
¿resistirá?

enamorado,
enamorada,
enamorados,
-hasta el final contigo-

-y que este no sea el final-

EL RECUENTO

gracias,
muchas gracias,
me has dado una lección,
-una grande después de todo-
descubrí así,
que nunca es tarde,
que siempre es tiempo
para saberte ignorante,
-eso pensé sentado aquí-
atascado en mi propio lodo,
-medité-
alcancé a entender
el porqué la usan ellas,
y por qué la usaste tú en mí,
-de esa frase siempre me burlé-
pobre infeliz,
pobre de mí,
¿es cuando ya nada quiere?
-me llegué a reír-
muchas veces lo vi,
vi cómo terminaba,
-estuve en lo cierto-
atiné al descifrar la frase:

déjame pensarlo, te digo luego…

él,
ellos ilusionados esperanza veían;
-ahora me sucedió a mí-
por primera vez,
y lo mismo,
me ilusioné igual,
-hasta que mi mente habló-

me explicó qué:
es solo una forma de protección,
es una forma de enfrentar el duelo,
de hacer que estás, pero ya no,
y así poco a poco,
en un par, tres, quizá cuatro o más,
se deja de extrañar, se llega a asi-
milar,
y se consigue aceptar,
-que ya nunca más se regresará-
y entonces le encuentras sentido,
a eso que no entendiste:

déjame pensarlo, te digo luego…

por eso,
desde ese primer momento:
-debes analizarlo-
-debes leerlo-
-empezar a cavar tu tumba-,
pues
es solo cuestión de tiempo,
-ya lo tenía decidido desde antes-
"algo", "alguien" ya le ocupa tu
espacio,
-solo necesitaba un pretexto-
y ya lo encontró,
por eso, ya no más cuento,
mejor, hacer de los daños,
el recuento…

III. LA MENTE Y NOSOTROS

La base para conocer la mente de un individuo es, por mucho, aún hoy en día, el trato directo con la persona; observar, hablar, recabar y analizar toda la información posible; en algunas ocasiones los expertos se pueden apoyar con algunas actividades métricas, pruebas de laboratorio y de imagen; estas últimas cada vez con más sofisticación y generalmente son útiles para descartar alguna alteración de otra o en otra área del cerebro o fuera de él. Es por ello que sigue siendo el inicio de una buena valoración mental la entrevista; en ella no se puede pasar desapercibido e, incluso, se debe de hacer énfasis en la comunicación no verbal; es evidente que resaltan las quejas que expresa; es importante también identificar las que están entre líneas o detrás de ellas.

Con frecuencia, la sociedad en general se encarga de disertar qué personas son mentalmente "normal" o "anormal", argumentando mayormente sin base científica y basada en creencias, comportamientos, emociones y sentimientos superfluos. Existen algunas personas en la sociedad que solo son personalidades distintas y que no presentan realmente un funcionamiento mental alterado, pero son vistas y tratadas como si lo fueran. De igual forma, sucede a la inversa.

Es por todo ello que la mente humana es lo más complejo del mundo y, por ende, da mucho miedo entenderla y descifrarla; existe la necesidad de adentrarse en ella y correr el riesgo de coincidir o no y tomar una decisión justa al andar por los caminos que llevan a identificar que se tiene una alteración mental.

MUCHO RUIDO

hay mucho ruido,
-mucho ruido-
ya salió el sol
y aún hace frío,

escucho sirenas,
-claxon, motores-
el ruido del televisor
-es intenso-

hay mucho ruido,
-me distrae-
me aturde,
-mi silencio hace ruido-

me reclama,
-uso audífonos-
¡no escucho nada!
-vuelvo a dormir-

-no te escucho-
te extraño a la distancia,
te quiero tanto,
-mi mente te evoca-

mi imaginación lo provoca,
-ayer apareciste ante mí-
en todos los caminos te vi,
en el pantalón ceñido a ti,

caminaba como tú,
misma complexión,
mismo ritmo,
misma cadencia,

       -era tu otra tú-

mi razón se burló,
la mente me regañó,
no podías ser tú,
-exclamó-

mi corazón lloró en silencio,
nadie lo oyó,
-nadie dijo nada-
solo la ciudad y su ruido de realidad,

el ruido siguió,
-me despertó-
-soñaba contigo-
frente a tus amigos me diste un beso,

ya mis audífonos tienen sonido,
-mucho ruido-
-no te escucho-
-no te tengo aquí-

       -eres un sueño-

NI IDEA, NI IMAGINACIÓN

que me quieres,
-que me quieres mucho-
que te quiero,
-que te quiero mucho-

que no tengo idea de cuánto,
-de cuánto me quieres-
que no tienes idea de cuánto,
-de cuánto te quiero-

que ni me imagino cuánto,
-cuánto me quieres-
que ni te imaginas cuánto,
-cuánto te quiero-

esas frases son repetidas,
-repetidas muchas veces-
muchas veces nos las decimos,
-con emoticones y corazones-

esas frases son,
¿qué son?,
¿real?, ¿qué son?,
¿son verdadero amor?,

¿pregunta ambigua?,
¿todo claro?,
¿es mi idea o es mi imaginación?,
¡tenemos contento al corazón!

que no tengo idea de cuánto,
-de cuánto me quieres-
que no tienes idea de cuánto,
-de cuánto te quiero-

que ni me imagino cuánto,
-cuánto me quieres-
que ni te imaginas cuánto,
-cuánto te quiero

que me quieres,
-que me quieres mucho-
que te quiero,
-que te quiero mucho-

estamos aferrados,
-cada quien-
en creer lo que sentimos,
en sentir lo que vivimos,

-vivimos lo que creemos-

así seguimos,
-y seguiremos creyendo-
que, por creer,
-seguimos, estamos-

¿cuánto me quieres?
¿cuánto te quiero?
-ni idea, ni imaginación-
solo lo siente el corazón,

-por los dos-

SILENCIO

no escucho,
-si quiero-
hay silencio,
-se han callado ya-

ya no me ayudan,
-estoy a la deriva-
ya no me molestan,
-me pierdo de eso-

mudo se quedó
el tiempo contigo,
¿por ti?
¿se enojaron?

han decidido callar,
-ya no me hablan-
-reina el silencio-
y gritan:

¡no tiene caso!
¡no tiene caso!
¡no obedece!
¡no modifica!

¡sigue ahí!
¡mejor que sufra!
¡que lo viva por él!
¡que lo aprenda!

-real-
las extraño,
-me siento solo-
no sé tomar decisión,

decidir
no es lo mío,
-lo sabes-
-es extraño-

se callan,
-pero ríen-
se burlan,
-siempre-

siempre me lo dijeron,
siempre me lo mostraron,
siempre me lo exhibieron,
siempre me lo evidenciaron,

nunca hice caso,
-justificaba-
nunca creí,
-racionalizaba-

nunca les di valor,
-explicaba-
nunca las consideré,
-alegaba-

terminaba en discusión,
-ellas en contra del corazón-
-pero él ganó-
a ellas enmudeció,

me enamoré de ti,
-por eso el silencio ahora-

¿MI IMAGINACIÓN?

tengo miedo,
mucho miedo
de escribir,
-no tengo educación-

poeta no soy,
-me obliga el amor-
solo uno y pego palabras
que manda la imaginación,

nacen por ti,
-quieren que se lean-
me arriesgo por ti,
-por ti mi amor-

ahogo el sentimiento,
-quisiera respirar-
-estar en paz-
pero aparece la ansiedad,

-al escribir-

pero obligado estoy,
-por ti-
¡eres mi amor!
-por eso escribo-

-que nunca lo deje de sentir-
-que nunca lo olvide-
-y nunca, nunca, nunca,
dejes de vivir en mi mente-

que cuando te recuerde
como en cascada venga:
-mi felicidad-
que así sea,

¿eres tú?
¿estás?
¿quieres estar?
¿lo deseas?

¿eres tú?
¿estás aquí?
¿quieres seguir?
¿eres real?

o solo eres:
-producto de mi imaginación-

SIN CORAZÓN

muy buen día,
-hoy será el mejor-
moveré mi vida por ti,
-sí- junto a ti,

ya está anotado,
mi mente me ha hablado,
me dijo:
"es quien soñaste"

hoy ruego,
pido,
pido ser elegido por ti,
-camino mi camino-

solo,
solo camino,
-sin corazón-
lo llevas tú,

¿se vale?
no habrá decepción,
eres mi niña bonita,
-no te lastimaría-

estás en mí,
-controlas mi pensamiento-
no lo niego,
-me pone contento-

-eres especial-
sin palabras,
-toda la noche-
sin palabras,

amaneció
sin palabras,
-no las hay-
¿tú las tienes?

¡dímelas!
tengo miedo,
miedo a sentir
más amor por ti,

miedo a seguir
-sin corazón-
una y otra vez te escucho,
-revoloteas en mi mente-

eso,
-feo se siente-
no tener el control,
¿qué debo hacer?

a donde vas voy,
-donde estás estoy-
¿cómo lo evito si no puedo?
¿cómo le hago si no quiero?

te amo,
-intensamente lo hago-
sin corazón,
perdón por amarte así,

pero está en ti,
-qué emoción-
-mi corazón-
está en ti…

DIME QUE SÍ

te he buscado
en cada parpadear,
en cada mirar,
enfrente, alrededor de mí,

te he procurado,
te quiero encontrar,
te quiero tocar, abrazar,
acariciar, besar,

yo todo ilusionado,
me tienes enamorado,
sin miedo lo digo,
pero,

      -solo estás en mi mente-

niña,
siento que tú
-no sientes lo mismo-
y tal vez con mucha razón,

no estás
-al abrir mis ojos-
solo estás,
-al cerrar mis párpados-

en mi mente,
en todo instante estás
siempre presente,
te imagino,

no te puedo tocar,
abrazar, acariciar, ni besar
solo lo sueño,
no es real,

niña,
estás en mi corazón también,
explora ahí,
-toma la decisión-

inténtalo,
salta, brinca, arriesga,
echa a andar mi motor,
-mi esperanza de vida eres-

solo dime que sí,
aparécete delante de mí,
despierta conmigo,
¡te amo!

EL MEJOR REGALO

un corazón me dibujaste,
lo vi, lo recibí,
tuyo fue,
me sorprendió,

        -bonito fue-

dibujas bien,
¡bien bonito!
-no pensaba en un corazón
de tantos colores-

es intenso,
-me obliga a reflexionar-
ahí está tu vida,
-ahí-

rodeado de flores
 y me pregunté:
-tu anatomía-
sorprendente fue,

¿ese corazón qué sentirá?
simplemente me gustó,
mucho color, mucha intensidad,
mucha emotividad,

amor y pasión,
-imaginación-
dulce a la vez,
-inocente-

flores blancas,
tiernas,

-cómo olvidar-
tu esencia plasmada ahí,

vive, late, se mueve,
¿qué lo hace latir?
¿qué lo hace vivir?
¿qué lo mueve?

mil gracias,
un corazón dibujado,
-enmarcado, recordado-
el mejor regalo,

¿es el tuyo?
quiero caminar junto a él,
pero
-no puedo-

lo sabes muy bien…

LA LUNA ME MIRÓ

la luna nace, crece,
-se ve redonda-
disminuye, desaparece,
-de nuevo aparece-

la veo en el cielo,
¿y a ti?
-no te veo-
¿dónde estás?

ya son varios inicios,
y no sé ya cuántos finales,
pero, -tu poema-
no he terminado,

sin tu impulso,
-estoy atorado-
cada noche me lo digo
-escribo para ti-

ya no duermo,
¡pero nada!
-la musa callada-
solo tus ojos veo,

y recuerdo
cómo me ven ellos,
cómo me veo en ellos,
-con mis ojos cerrados-

sigo sin dormir,
-a veces amanece-
me río temprano,
extraño tu mano,

añoro,
los momentos cursis,
los tiempos chuscos,
-cuando te ríes de mí-

y real,
real no sé qué escribir,
busco palabras,
frases, acciones de ti,

busco,
busco qué escribir,
mi originalidad ya no está,
-ya está dentro de ti-

tengo mucho de ti,
ya no soy solo yo,
me haces falta aquí-
doy vueltas en la cama,

-la luna me mira-
aparece y desaparece,
-una y otra vez-
hoy la luna me miró,

amaneció,
-abrí los ojos-
-tu cuerpo está a mi lado-
recostada, en silencio,

tu pecho desnudo,
-me acomodo en ti-

SENTENCIA

"siento que soy solo para ti
y tú para nadie más"
me quedé paralizado,
-lo escuché de ti-

y reímos,
pero al mismo tiempo
lo formalizábamos,
-lo sentenciábamos-

no lo niego, no,
miedo sí me dio,
no fue broma
-aunque corriste-

ahí,
abrazados, entrelazados,
-solos los dos-
tú y yo,

ahí,
envueltos, apretados,
solos los dos,
tú y yo,

se dicen cosas,
se hacen cosas,
muchas cosas,
-todas-

te escuché,
lo pensé, lo medité,
lo asimilé, lo introyecté,
-lo hice mío-

te escuché,
¿te escuchaste?
¿te convenciste?
¿de verdad?

si es así,
-empecemos-
focus, concentración,
-no miento-

"siento que soy solo para ti
y tú para nadie más"
estoy paralizado aún,
-lo escuché de ti-

-sentencia para los dos-

50

LA CONVERSACIÓN

me preparé,
-acudí como lo pediste-
me senté, todo acomodé,
-el tiempo reservé-

querías hablar,
-lo dijiste-
-a solas-
lo pediste,

y llegaste,
-me miraste-
frente a mí, te sentaste,
-una vez más de frente-

imaginé
que se iba a hablar,
que se iba todo a aclarar,
y me puse alegre,

ansioso, emocionado,
revoloteado, ilusionado,
-te leí convencida-
reíste nerviosa,

reinó el silencio,
me callé, esperé, aguanté,
-tu belleza admiré-
me sentí afortunado,

estabas tú allí,
-te sentía cerca de mí-
te idealizaba,
-pero seguías callada-

estaba yo allí,
viendo, esperando,
receptivo,
con toda la disposición,

pendiente de ti,
de escucharte,
de solucionar ya,
-de aclarar-

te escuché y te miré,
me volví a sorprender de ti,
-hablaste-
dos frases de tu boca salieron:

"no te entendí,
pero no quiero que me
expliques",
-así inició y así terminó-

la conversación…

51

ELLA NO ERES TÚ

la noche de anoche te busqué,
-noche oscura-
no apareciste,
¿si sabes que eres muy hermosa?

solo estaban ellas,
-cierto, no todas ellas-
las pude contar,
-semioscuro, pero bonitas-

noche apacible,
tranquila, cielo glorioso,
-pero-
¿dónde estabas?

noche reconfortante,
animaba y te busqué,
-pero-
¿dónde estabas?

      -las ideas me llovieron-

miles de lugares aparecieron,
-pero-
mi vista no te vio,
te escondiste,

no querías ser vista,
que no te encontraran,
que no te hallaran,
-no te querías dejar ver-

sé que siempre estás para mí,
me lo has dicho
-repetidamente en mi mente-
eso lo sé,

risueña, traviesa, coqueta,
-siempre casual-
pero ayer no, ayer no te vi,
-triste me sentí y en lo oscuro lloré-

ayer solo a ellas vi,
pero sin ti, no hay esplendor,
-tú eres el amor-
lo logras todo tú,

¿cómo explicar lo que siento?
¿cómo evito lo que pienso?
¿cómo te lo escribo?
-ella no eres tú-

a ella siempre la amaré
y, al verte a ti, la recordaré,
-esté donde esté-
-estés donde estés-

COSAS

han pasado tantas cosas,
-muchas cosas-
de incontables cosas,
sí, de esas cosas,

han pasado tantas cosas,
-varias cosas-
de innumerables cosas,
sí, de esas cosas,

y yo sigo aquí,
-esperando-
sí, mirando al frente,
mis ojos viendo esa puerta,

no apareces tú,
-tu sonrisa-
la extraño aquí
riendo de mí,

y yo sigo aquí,
-esperando-
sí, mirando dentro de mí,
mis ojos cerrados a la realidad,

no te veo sonreír,
-simplemente no te veo-
nos pasaron de esas cosas,
-de esas-

no las queremos mencionar,
no las queremos recordar,
-pensamos-
que nunca nos pasarían,

pero
nos pasaron de esas cosas,
-las que se callan para no sufrir-
-las que se superan por amor-

-que desaparezcan y no regresen-

y yo sigo aquí,
-pensando en ti-
sí, como desde el principio,
mis ojos deseando verte,

y yo sigo aquí,
-imaginándote-
sí, como desde el principio,
mis brazos quieren abrazarte,

han pasado todas las cosas,
esas que no tienen nombre,
esas que no deben de tenerlo,
-cosas, cosas, cosas-

han pasado todas las cosas,
esas que no debieron ser,
esas que no son solo cosas,
-cosas, cosas, cosas-

y yo sigo aquí,
-extrañándote-
aquí, añorándote,
aquí, sin olvidarte,

y yo sigo aquí,
aquí, en el mismo lugar,
aquí, esperando,
aquí esperándote…

SOY ESE

ese soy yo,
-el que escuchas que te quiere-
ese soy yo,
-el que sabes que te quiere-

ese soy yo,
-el que escuchas que te ama-
ese soy yo,
-el que sabes que te ama-

ese soy yo,
sí, ese soy yo,
a quien con tu amor
has decorado,

ese soy yo,
sí, ese soy yo,
a quien tu amor
lo pinta de afortunado,

ese soy yo,
sí, ese soy yo,
a quien al final,
de tanto rogar has escuchado,

ese soy yo,
sí, ese soy yo,
a quien su tiempo
casi se ha terminado,

ese soy yo,
sí, ese soy yo,
quien quiere morir al final
estando de ti enamorado,

ese soy yo,
sí, ese soy yo,
quien su meta casi ha alcanzado,
-vivir y morir contigo-

por eso, soy,
ese soy yo,
sí ese soy yo,
-me entrego hoy a ti-

por eso, soy,
ese soy yo,
sí ese soy yo,
-me entrego todo a ti-

ese soy yo,
el que ya no busca más,
ese soy yo,
-contigo lo encontré todo-

soy ese, ¿aceptas?

54

POR TI

veinticuatro,
veinticuatro grados,
se oye el frío, el frío se oye,
-a esta temperatura siento frío-

veinticuatro,
veinticuatro horas,
es la misma hora que ayer,
-a esta hora siempre estás aquí-

veinticuatro,
veinticuatro por ciento de batería,
así quedará hasta mañana,
-suficiente, pendiente de ti-

veinticuatro,
veinticuatro letras como el alfabeto,
ese que precede a la letra fenicia,
-difícil como la obstetricia-

veinticuatro,
veinticuatro teclas especiales,
son más de 100,
-la que reinicia-

veinticuatro,
veinticuatro ideas vienen a mí,
todas piensan en ti,
-una por cada hora-

-mi día es así-

veinticuatro,
veinticuatro formas de imaginarte,
-lo logras tú-
que sea yo como soy contigo,

veinticuatro,
veinticuatro voces en mi mente,
siempre están presente,
gritan: ¡te amo!

veinticuatro,
veinticuatro luces y estoy a oscuras,
no se ve y veo mejor,
-no es autocastigo-

veinticuatro,
veinticuatro lápices, bolígrafos,
borradores, hojas, folder y demás,
-espero que digan de ti-

veinticuatro,
veinticuatros tú, todas en mí,
partes de mí, armando a mí,
-dándome forma-

veinticuatro,
veinticuatros yo, todos en ti,
tú me haces así,
-enamorado de ti-

-mi día es por ti-

IV. LA MENTE Y LA SOCIEDAD

Alguien puede sentirse inadaptado en su familia, en su escuela o en su trabajo porque vienen a su mente **ideas extrañas que no puede controlar;** *porque se siente irritable y tiene constantes peleas con su familia, pareja, compañeros, o en su trabajo; porque no puede dormir por las noches, porque se preocupa demasiado de cosas que no son tan trascendentes, porque su apetito sexual ha disminuido sin causa aparente, porque tiene la sensación de que se ahoga, porque siente que su corazón se acelera, porque piensa que se va a infartar, porque siente que se va a volver loco, porque siente que su vida está vacía; porque escucha voces sin que exista quien le hable, porque ha pasado por su mente la idea de suicidarse, porque ya no puede más; entonces busca ayuda con la finalidad de restablecer su equilibrio emocional-mental y físico; desafortunadamente, muchas veces no es entendido, apoyado ni correspondido por la sociedad.*

Muchas personas con un funcionamiento anormal de la mente realizan un peregrinar tipo viacrucis en busca de ayuda visitando a religiosos, curanderos, chamanes, profesionales de la salud, entre otros.

Recibir ayuda de forma temprana conlleva una respuesta más favorable a la solución del problema; volteemos a ver a los niños: **una niñez con mejor salud mental contribuye a una sociedad adulta más sana.**

De forma desafortunada, varias personas con problemas de la mente no reciben la ayuda que necesitan.

DILEMA

-hacer-
es formar, elaborar, producir,
actuar, ejecutar, proceder,
-nuestra meta-

nos lo preguntamos
todo el camino,
¿hacer o no hacer?
¿qué hacer?

        -un dilema-

el dilema
¿es para ti?
¿es para mí?
¿es nuestro?

solo haces lo que haces,
-lo repites-
que no sabes más,
¿real?

¿qué quieres hacer?
-lo sigues diciendo-
¿qué quieres que yo haga?
-me preguntas-

ver y no ver,
-perspectivas-
-enfoques-
¿un hueco sin fondo?

¿investigar el asunto?
¿es el punto?
¿a dónde quieres llegar?
-terminas en eso-

        -un dilema profundo-

-vueltas en mi cabeza-
¿debo insistir en hacer?
¿debo aceptar lo que se hace?
-solo sí-

veo,
te veo, me veo,
-juntos los dos-
-entrelazados-

¿y para qué hacer más?
-lo que se hace, se hace muy bien-
-lo que se hace se siente excelente-
-así quiero continuar-

        entonces:
        -no hay nada más que hacer-

DÍA DE MUERTOS

la flaca la salida esperaba,
los de preescolar habían salido,
los de primaria se habían ido,
la secundaria a gritos se apuraba,

la huesuda cada coche miraba,
del timbre pendiente estaba,
los de prepa se despreocupaban,
ella sabía que eran despistados,

se enfilaba, se acercaba, se reía,
uno a uno al personal seleccionó,
-así sucedió- así se vio,
con los del micrófono empezó,

puerta 1 y puerta 2 siguió,
maestro por maestro eliminó,
Mari, Paco, Alex, Toño, Clau,
a todos en un costal echó,

¡nadie de la parca escapó!
¡a intendencia, a ayudantes
no perdonó!
a la escuela entró, la oficina registró,

salón por salón revisó,
1er y 2do patio caminó,
la cancha exploró, ¡nadie escapó!
y ahí un baile de zumba realizó,

la cocina en modo tóxica visualizó,
a los cocineros descuartizó,
la muerte con el mal sabor quedó,
-se enfadó-

tambaleó, se desesperó,
se enojó, se molestó,
-camino a la salida titubeó-
-se cansó-

cuando pensó en salir,
ya casi todos en el costal estaban,
la directora la tropezó al final
y su alegría no pudo ocultar,

alegre ya cantando se iba,
y volteó a ver su labor,
y como siempre,
solo, solo quedaba él,

-al vigilante no perdonó-

no lo quería llevar,
pero su razón se lo mandó,
y la muerte de los hombros lo jaló
y en el costal terminó,

-entonces la calaca,
pasito a pasito, la escuela abandonó
y por este año, como todos los años,
su cometido cumplió-

SOLO DE VERTE

voy,
-voy hacia ti-
tú,
-vienes hacia mí-

y así,
así se empieza el día,
-en ese momento nace
de nuevo mi ilusión-

y así,
nace y crece
mi fascinación por verte,
-se acelera el corazón-

y así,
al verte,
al aparecer frente a mí,
-mi mundo se paraliza-

y así,
-voy hacia ti-
-vienes hacia mí-
y me comienza el día,

y así,
-que vean que me ves-
-que vean que te veo-
mis ojos,

y así,
-que siga siendo-
-que continúe-
-que sea eterno-

y así,
-que tus pasos-
-que tu andar-
no se detenga,

y así,
-que el día empiece-
-que la tarde continúe-
-que la noche llegue-

y así,
será maravilloso,
será fabuloso,
-será-

y así,
-que vean que voy-
-que vean que vienes-
no te detengas,

voy,
-voy hacia ti-
tú
-vienes hacia mí-

-y solo de verte
me enamoras-

todos los días…

UN MES MÁS

un día,
-otro día-
nuevo día,
-primer día-

no cualquier día,
es el primer día de mes
-de otro mes-
un mes más,

así ha sido,
así ha sucedido,
sin verlo, sin creerlo,
-un día más junto a ti-

un día,
-juntos los dos-
los dos,
un mes más,

así termina,
así empieza un mes más,
sumamos día más día,
-sumar es mejor-

sin darnos cuenta
se acerca la fecha,
-todas las fechas-
han pasado ya,

y pasan de nuevo,
-se repiten-
-juntos-
increíble,

así ha sido, así,
-ya no nos creen-
-ni nosotros-
y eso es lo más bonito,

vemos hacia atrás,
-nos reímos-
vemos hacia adelante,
-nos asustamos-

vemos el hoy,
-nos vemos juntos-
hoy, un nuevo día,
hoy, otro mes,

¿y cuántos van?
solo van, van y van,
-pasan-
y se quedan,

así caminamos,
andamos, disfrutamos,
recorremos, avanzamos,
existimos, funcionamos,

-tú en mí-
-yo en ti-

CONMIGO SIEMPRE

media noche,
-veo la noche-
-no veo nada-
no a ti,

media noche,
-noche oscura-
-oscura y fría-
muy fría, helada,

hoy lo fue,
hoy lo hubo,
-calor-
-mucho calor emocional-

te vi amor,
no hubo beso hoy,
¿la razón?
¿para qué una explicación?

contrastes,
la pasión se impone,
-para perdurar-
-pide amar-

escrita en metal,
-idea discreta-
-palabra concreta-
para trascender,

¿continuar lo nuestro?
¿sale del corazón, pensado?
sí, sí, si, por favor,
-por los dos-

y hoy,
una revelación,
-agonizó la razón-
se fortaleció la locura,

cierto,
a nuestra altura,
ya sin cura,
-fallezcamos-

y sí,
sin entristecer,
-tú para mí-
-yo para ti-

sigamos la indicación:
-te llevaré conmigo siempre-
tú a mí, yo a ti,
sin temor,

-sin oposición-

PERDIENDO

he perdido,
nuevamente, me ha sucedido,
sí, hoy nuevamente,
-cosas de mi mente-

las había pensado,
-he perdido-
sí, hoy nuevamente,
-se han ido-

las había considerado,
las escribí, y,
otra vez se fueron,
-se perdieron-

he perdido,
nuevamente me ha pasado,
ya van varias veces,
-lo acepté-

perder está en mí,
-siempre-
y aquí, hoy, así,
-qué más da-

nada pasará diferente,
se enoja mi mente,
se burla, se ríe,
-se queda callada nuevamente-

y me siento apenado,
me quedo a reflexionar,
a esperar que hable de nuevo,
-que me ordene-

ya no quiero perder nada,
pero sucederá de nuevo,
-eso no lo evito ya-
hoy, hoy, hoy escribiré,

he perdido,
veo muchos pasajes,
de escuchar la irrealidad,
-desde siempre-

he perdido,
sí,
se enoja mi mente,
-quiere seguir-

he perdido,
y sigo perdiendo, así es,
así ha sido mi vida y así,
así veo que seguirá siendo,

y resuena mi mente,
y retumba mi mente,
y atormenta mi mente,
y ensordece mi mente,

y me habla de buscar,
y me insiste en explorar,
y me obliga a descubrir,
y me impone encontrar,

a alguien,
a alguien que,
-como tú-
me hable de amor…

EN LA RAMPA

-hoy te vi-

bajabas la rampa,
-no lo creía-
todo olvidé,
-nos encontramos-

las miradas cruzamos,
raro sentí, ¿nervios?
pena sentí, de mí,
-no supe qué decir-

quería permanecer ahí,
verme en tus ojos,
mirar cómo me miran
-de nuevo-

¿te digo algo?
mi imaginación faltó,
me abandonó, frío me dio,
-pero fue muy bonito-

muchas gracias y ah,
-perdón-
sé,
no tengo perdón,

no lo pedí en su momento,
-ni ahora-
quizá en otra ocasión,
quizá me perdones, quizá,

¿y mi corazón?
-calló-
saltó, se emocionó,
volvió a latir por ti,

en deuda contigo quedó,
-recuérdalo-
hoy fue mi oportunidad,
la rampa bajabas,

hoy tus ojos miré,
a tu mejilla besé,
a tu mano toqué,
te vi de cerca otra vez,

¡gracias!
la oportunidad desaproveché,
no te expliqué, no me disculpé,
perdón no pude decir,

hoy te quiero decir:
¡gracias por ser como eres!
¡gracias por todo!
y perdón, perdón, perdón y perdón,

hoy te vi,
te vi en la rampa y sí,
-pensándolo muy bien-
me arrepentí y así viviré,

-por siempre-

APRENDÍ DE TI

ya caminé mucho,
tanto que llegué a pensar
que había alcanzado el final,
-ingenuo-

irónicamente lo creí,
lo pensé,
-que ya conocía de todo-
que ya no aprendería más,

pero no,
-nunca es así en el amor-
pues tú
-me sorprendiste-

aprendí algo relevante,
y como mal estudiante,
aprendí a fuerzas,
-de ti-

me enseñaste a escuchar,
me enseñaste a decir,
-a escribir-
pero me ha costado aceptar,

he meditado,
he reflexionado,
he elegido,
-y estoy aquí-

¿continuar o abandonar?
en resumen, se avanzó,
-para continuar juntos-
porque entendí,

no veía el sentido,
-nunca lo había necesitado-

¿cómo le haces?
para no mancharte,
para no terminar sucia de lodo,
-entonces aprendí-

nunca quedas mal,
-nunca-
esa es tu intención,
incluso generas admiración,

y, pues,
-nada que reclamar-
¿entonces?
¿para qué cambiar?

eso,
eso me convenció,
entonces comprendí,
-que es mejor seguir contigo-

aprendí de ti,
de la mejor,
mi maestra,
-sí, de ti-

a escuchar,
a decir y,
a escribir:
-palabras políticamente correctas-

VACUNACIÓN

en la fila estoy,
-es la ocasión-
¿me servirá?
-mi mente se ríe-

ya son muchas formas,
-no ha resultado-
hoy probaré algo nuevo
-me van a vacunar-

¿resultará?
-dejar de estar enamorado-
¿inactivará al corazón?
las voces pierden la razón,

para eso no funciona,
me lo repiten sin cesar,
pero terco yo,
-un método más-

quiero confiar,
quiero encontrar la solución,
y es que ya no controlo nada,
-ya no soy yo-

tu amor invadió mi sistema,
ya enfermé sin salvación,
veo la fila y me pregunto:
¿ellos vendrán por la misma razón?

mi mente vuelve a reír,
-se ríe de mí mismo-
sabe que la respuesta es
-no-

trato de encontrar consuelo,
pero no lo hay,
avanzo, me acerco ya,
papeles, me confundo,

¿quieren papeles?
a mi mente le asusta eso,
pero insiste la voz:
-tranquilo, camina-

ya a punto de llegar otra voz:
-estás mal-
-de ese mal no me vas a curar-
-ella ya te envenenó-

lo logró,
ya lo consiguió,
-ya te enamoró-
se ríen todas al mismo tiempo,

y yo en la fila,
es mi momento,
todo se hace lento,
la aguja entra y no duele,

-la esperanza empieza
y el amor se burla-

EL DÍA

son mis niñas:
¡la preferida!
y siempre presente:
¡la consentida!

¡y yo fui primero!
-la mayor lo grita-
¡yo soy la menor!
-y ni se agita-

ambas lo dicen:
¡este es tu día!, ¡el día!,
¡ese que reúne a todos los días!,
sabemos que no se necesita un día,

pero,
pero es hoy, hoy, hoy lo es y,
-se debe celebrar-
celebrar sin guardar,

¿para qué guardar?
mejor celebrar,
por la sencilla razón
de que se merece con creces,

todos los días
y por siempre,
pero es hoy,
hoy es la celebración,

es expresar la emoción,
eso que siente el corazón,
eso sembrado día con día
¡amor!

lo dice el mío,
lo dice el de mi hermana,
y lo dicen:
-con justa razón-

NUESTRA NOVELA

-que está bien no estar bien-
-que no es real que no sea real-
paradojas de nuestra relación,
una relación sin éxito como canción,

pero con mucha aceptación
si se escribiera como novela,
¿de suspenso? ¿de drama?
¿de aventuras? ¿de ciencia ficción?

¿de algún género literario?
¿de todos? ¿acaso no?
¿de romance? ¿detectivesca?
¿de utopía? ¿de fantasía?

y lo digo cada día,
sucede a diario, temerario,
¿de terror? ¿de misterio?
¿histórica? ¿alegórica?

¿y si lo redactamos?
-esculturas nos harían-
¿solución?
-sabemos que no habría-

¿nuestro argumento?
-extendido-
-no entendido-
-tiempo excedido-

¿lo entiendes tú?
¿lo entiendo yo?
¿un cuento?
-una novela le va mejor-

nuestra relación,
es sin ton ni son,
-a veces tiene sentido-
¿es el tiempo?

¿le da estabilidad?,
-tiempo no es convenido-
-el tiempo-
ya es tiempo,

de narrar, de contar,
de empezar a olvidar,
¿nuestra novela se leería?
¡sería un éxito!

¿gótica? ¿distópica?
¿sátira? ¿picaresca?
¡mi amor!
¿cómo será?

¿será tal cual eres?
¿tal cual yo soy?
-tendrá de todo un montón-
¿entenderán lo que somos?

-que está bien no estar bien-
-que no es real que no sea real-

-así es nuestra relación-

SOLO ASÍ

lo escuché,
-dijiste que me quieres-
repetidamente,
-me gustó, me emocionó-

le agregaste un
-mucho-
repetidamente,
-me gustó, me ilusionó-

    -solo en eso quedó-

tus letras dijeron:
-te amo-
repetidamente,
-me gustó, me apasionó-

    -todo de ahí no pasó-

nunca supe más,
nunca más, nunca más,
nada más de ti, nada más,
nada más que viniera de ti,

te lo pedí,
de una y mil formas,
a cambio recibí:
-lo mismo-

    -todo ahí se estancó-

¿insistir?
¿para qué?
casi caí en lo tóxico,
-perdí-

    -todo así terminó-

¿seguir pidiendo?
¿insistir?
nunca sentí fuera necesario,
-pero que no quedara de mí-

y así,
-pasaba y sucedía-
se hablaba y escribía,
un te quiero, un mucho, un te amo,

    -de ahí no pasaba-

eso pasaba,
-a diario-
fue hermoso así,
-mientras duró-

    -así permaneció-

mientras la mente soportó,
mientras el corazón mandó,
¿y qué tenía de malo ser así?
¿se tenía que cambiar?

¿por qué se tenía que hacer?
-si ella no lo veía-
-si ella no lo quería-
el amor mandaba,

    -los encuentros lo compensaban-

y así pasaba y pasó,
-ni ella ni yo-
la mente lo toleró
y el corazón se alegró,

    -todo así murió-

YA NO SOY

ya,
ya no soy prioridad,
lo veo,
-lo veo en tu actitud-

lo veo,
en tu disposición,
veo que ya no existo,
-en ti-

ya,
ya no soy tu preferencia,
lo veo,
-lo veo en tu interés-

lo veo,
en tu atención,
veo que ya no existo,
-en ti-

me veo en mi reflejo,
no quiero creer,
-es cierto-
no quiero creer que es cierto,

me veo cada vez que te leo,
y cada vez me veo menos,
-no me gusta lo que veo-
me veo en mi reflejo,

me veo,
-el espejo no refleja-
no al que era para ti,
no al que te referías,

no soy el mismo al que escribías,
y ya, lo sabía,
-pasaría-
difícil aceptar lo inevitable,

mi reflejo me gustaba,
-hoy es real-
-la negación-
la mente abusa, insulta,

las voces se burlan del corazón,
ya no estoy en primer lugar,
lo veo en tu trato, desde hace rato,
-ya no existo en ti-

ya,
ya no soy tu elección,
lo veo,
-veo que ya no existo-

feo es,
lo ves y no lo ves,
lo sé,
ya no lo soy hoy,

                -es la conclusión de mi voz-

CAMBIO

cambian de rumbo,
en la misma dirección,
mis niñas,
-nuevo grupo-
nueva escuela,
cambio necesario,
ya sé,
-lo escribirán en su diario-
ya mucho se escribió,
-historias pasadas-
excelente trayectoria
-5 grados-
hubo de todo,
altas, bajas, medianas
y más diversión,
-una parte de su corazón quedó-
amigas, motivación,
-se despidieron ahí-
¿nostalgia?
-mucha-
ahí nació el futbol,
¿continuará?
para ello,
-una promesa te llevas-
por eso,
no te preocupes,
es mejor que te ocupes,
-nueva etapa-
sin miedo,
nuevos amigos,
nuevos maestros,
-todo nuevo-
tú puedes,

-confío en ti-
te quiero mucho,
y a ti también, igual,
que digo,
eres quien anima el grupo,
sigue así,
que el ánimo continúe,
cosas mejores vendrán,
-apenas van dos años-
y pasaron muchas,
-hermosas-
que tu voz suene,
que tus piecitos no paren,
que te sientan,
-viene el tercero-
nueva escuela,
nuevos amigos,
nuevos maestros,
todo nuevo,
sin miedo,
pequeña risueña,
-confío en ti-
contigo me río,
sigue así,
que la escuela te divierta,
que aprendas lo necesario,
-que rías a diario-
mis dos pequeñas,
mis dos tesoros,
-mis ángeles de Dios-
gracias y perdón,

CONDENA

llueve y el piso está seco,
los árboles no se mojan,
la gente no se entera,
-mi mente delirante exagera-

se hacen charcos, salpica,
los autos no se empapan,
la nube negra no aparece,
-mi mente alucinante lo ve-

nadie corre, nadie se tapa,
caminan para allá,
muchos hacia acá,
-sin preocupación-

se ahoga mi corazón,
la idea se fortalece,
lo que siento se engrandece,
-y no entiendo más-

¿por qué?
no entiendo,
-mi razón
y el mundo no coinciden-

todos me ven,
-se burlan-
-se ríen de mí-
no me entienden,

yo escucho el trueno,
veo el relámpago,
-casi me cae el rayo-
pero sigo aquí,

frente a la parada,
-esperándote-
para verte,
-a tu salida-

necesito hablar,
reír, tocar,
acompañarte,
-tiempo de relax-

la vida no lo considera,
debiera,
-eso que haces por mí-
-eso que hago por ti-

me dice una voz que es normal,
que es parte del amor,
-todo retumba en mí-
apareces tú, brilla el sol,

todos desaparecen a mi alrededor,
-tú llenas el lugar-
callan a todos,
eres mi tranquilidad,

me generas seguridad,
-eres mi felicidad-
-mi corazón se cree cuerdo-
pero te ve y se acelera, recuerdo,

si tu vida a la mía
-se uniera-
-y convergiera-
¿aumentaría mi locura?

¿serías medicina para mí?,
Ok, sea como sea,
no me puedo quedar sin ti,
sin ti, me condenaría,

V. LA MENTE Y EL CUERPO

El funcionamiento anormal de la mente puede expresarse con quejas en el cuerpo que pueden confundirse con padecimientos físicos que, comúnmente, se atribuyen a un mal funcionamiento de otro órgano. Los órganos más frecuentes relacionados con dichos síntomas son el mismo cerebro desde el punto no mental, el corazón y los intestinos; puede ser cualquier órgano del cuerpo que no cabría aquí para ser enumerados; a estas quejas se les define como síntomas somáticos; se presentan como dolores musculares, dolor en el pecho, en la cabeza; desmayos; pérdida de la fuerza, de la sensibilidad; movimientos tipo convulsiones; gastritis, náuseas, vómitos, colitis, estreñimiento; complicaciones dermatológicas; de la alimentación; del sueño; entre otros.

Estos síntomas pueden y deben ser vistos como resultado de un mal funcionamiento cerebral en el momento en que se descarta el origen en todos los órganos restantes del cuerpo humano. A ellos se les ha conocido habitualmente en el ámbito de la atención para preservar salud como síntomas psicosomáticos. Se debe considerar entonces a la mente como una posibilidad causal y proporcionar la ayuda desde esa perspectiva.

El estrés del día a día, en nuestros días, ha ido aumentando considerablemente a todas las edades; por tal situación es cada vez más probable que un manejo inadecuado de él nos pueda generar estas quejas en el cuerpo.

LOS POZOLITOS

estés donde estés,
siempre estás aquí,
-en mí-
así lo es,

estés donde estés,
siempre estoy ahí,
-en ti-
así lo es,

puede ser cerca del mar
o cerca de la frontera,
o entre la locura y la cordura
-sin atadura-

tú y yo,
entrelazados estamos,
-con fuerza y anudados-
y no queremos lo contrario,

tú y yo,
nuestro karma,
-esperar y esperar-
para vernos de nuevo,

y poder degustar los pozolitos,
ver brillar de nuevo tus ojitos,
-y abrazarnos como siempre-
¿sí, amor?

quien nos viera,
quien lo supiera,
asimilándolo se entretenía,
y no lo creyera,

y es que, sin querer,
pasa un día y te extraño,
pasa un día y me extrañas,
y eso enoja, acongoja,

ya pasamos el tiempo de prueba,
¿y entonces qué sigue?
nunca hay respuesta,
-no la queremos-

nos queremos,
eso nos tiene así, aquí, allá,
estés donde estés, lo sabemos,
¿qué tanto más?

el tiempo nos dirá,
por eso hoy,
te extraño y espero el día,
-que regresen esos días, esos días-

esos que no se olvidan,
esos nuestros,
los que extrañamos,
los necesitamos de nuevo,

-mi deseo es otra vez-

SUCEDE ASÍ

me escuchas,
me ves, me lees,
te escucho,
te veo, te leo,

y quedo sin entender ese:
-no entiendo-

y luego callas,
y luego callo,
y se hace el silencio,
y se hace la distancia,

se siente que algo pasa,
y de nuevo:
nada pasa,
-no es nada-

y yo igual,
-nada pasa-
y así quedamos,
-luego nos vemos-

lo olvidamos de nuevo,
-nuevamente lo olvidamos-
¿y si no fuera así?
¿qué sucedería?

-veo tus ojos huidizos-
-toco tu mano escurridiza-
-escucho tu voz asustadiza-
y de nuevo siento en mí tus hechizos,

mejor ya no digo nada,
ya no pasa nada,
ya solo quiero verte,
ya solo quiero tocarte,

y sigue siendo así,
y sigue sucediendo así,
¿y cómo por qué cambiarlo?
-si estamos a gusto así-

hablar no es lo tuyo,
escuchar podría no ser lo mío,
muy bien, nos entendemos así,
muy bien, nos acoplamos así,

así podríamos seguir,
así podríamos vivir lo nuestro,
así podríamos darle secuencia,
y así podríamos marcar la diferencia,

es cosa de la mente,
y no olvides que la mente es un arma
que siempre le apunta al corazón,
-cuando este quiere amar-

por eso:

mejor me escuchas,
me ves, me lees,
mejor te escucho,
te veo, te leo,

y entonces la mente entiende un:
-no entiendo-

DIME ALGO

háblame,
dime algo,
-algo de algo-
-solo algo-

antes no decías,
no escribías,
esquivabas,
-solo reías-

se sentía diferente,
aun ausente estabas presente,
así sucedía,
así empezó,

así nos gustó,
así nos enamoró,
-veía tu cara sin verla-
-tus ojos me miraban sin verme-

te leía enamorada,
-me gustaba-
-te gustaba-
¿qué pasó?

¿qué nos pasó?
¿qué nos da miedo?
-cuando vamos mejor-
nos tropezamos con nuestro pie,

regresemos a vernos como ayer,
¿podemos? ¿lo queremos?
-la respuesta no la darás-
-ella sola vendrá-

hoy no escribes ya,
-no respondes-
tardas más,
-tu ausencia me duele-

sé cómo eres,
-extraño tu forma-
la que leía y escribía,
la que me priorizaba,

 -para la que yo era importante-

aquellos ¡buenos días, amor!
aquella emoción de la mañana,
aquella odisea descrita de la tarde,
y para dormir ¡buenas noches, amor!

-todo eso-
y lo que estaba a su alrededor,
se te perdió, creo murió,
-la emoción-

se difuminó, se disipó,
ahora leo y no veo,
no te encuentro,
no a la que me enamoró,

ahora estoy solo,
solo estoy,
me pregunto,
y no hay respuesta,

te pregunto,
no me gusta,
mi vida sin ti me asusta,
-no lo niego-

háblame,
dime algo,
-algo de algo-
-solo algo

TE EXTRAÑÉ HOY

te extrañé,
hoy no te vi,
-no te vi-
y pareciera simple,

sencillo, no, no,
-tus razones habrás tenido-
válidas o no,
-pero tal vez tengas razón-

despertaste tarde,
-me dijiste-
te ocupaste y te perdiste,
-igual me creíste ocupada-

y tal vez lo estaba,
-pero saldría-
te dolió, te dolía,
-moverte mucho-

caminar hacia mí,
-no podías-
te entiendo,
-quiero creer-

te quiero, créelo,
-mucho-
-te amo y no lo creo-
pero es cierto,

quiero estar bien,
quiero que estés bien,
-caminemos juntos-
¿me acompañas?

-solo di que sí-
no tengo miedo,
-eso quiero-
hoy no te vi,

-te extrañé-
hoy no te vi,
-mañana te veré-
sin perdón,

lo sabes,
-no necesito repetirlo-
aunque se caiga el cielo,
-te veré frente a mí-

me esperarás,
trataré de no tardar,
pero bien lo sabes,
-paciencia-

te espero,
ya sabes dónde estoy,
-estás en mi corazón-
no quiero ser cursi,

nunca lo he sido
-ni lo soy-
ese es tu rol,
no se te olvide, amor.

SIN FRÍO

amaneció lloviendo,
-sonreí-
pensé en ti,
te sigo queriendo,

-sonreí-

bajó la temperatura,
pero no hace frío,
-mi mente se silenció-
-la extrañeza creció-

el suspiro salió,
tu imagen frente a mí apareció,
y concluí:
-me enamoró-

ya pasó tiempo,
-vimos cerca el momento-
nos ha pasado de todo,
-para qué lo cuento-

-bajó la temperatura
pero no hace frío-
el tiempo ha pasado,
-aliado y verdugo-

amigo y adversario,
-juntos todo es bonito-
cierto,
-nos parece muy finito-

pero nos recuerda
-que no recordemos-
-bajó la temperatura
pero no hace frío-

mi mente se enciende,
-revolotea-
trato de apaciguarla,
se activa por todos lados,

ataca por la retaguardia,
-tarda, tarda-
una voz la calma,
-viene del corazón-

ya las voces no se escuchan,
-el amor me defiende-
-me comprende-
me rio, estoy alegre,

te veo en mi mente,
-me ilusionas-
tenlo presente,
-lo notas-

lo siento,
soy terco,
-insistente, imprudente-
gracias,

tu amor,
mi miedo, mi inseguridad,
mi temor, mi indecisión,
mi debilidad, se venció por ti,

mi pánico,
ya pasó,
-bajó la temperatura
pero no hace frío-

MÁS DE TRES

de nuevo pasa,
-siento que ya lo acepté-
siento que ya no hay sufrimiento
y que el dolor ya pasó,

me lo has prometido,
hasta te he creído,
pero solo es de un día,
máximo de dos y luego,

-nada-
-regresas a igual-
-a ser la misma-
-a la no verdad-

conmigo eres dos,
la de en persona
y la de mensajes
-y eres más de tres-

lo sé,

me lo has dicho,
más de tres eres,
-lo sé-
por lo poco que sé de ti,

que más esperar,
-empiezas preguntando-
-continúas preguntando-
-finalizas preguntando-

si no te gusta la respuesta,
-te molesta-
entonces te ausentas,
-esperas disculpa-

guardas silencio,
-no platicas-
callas en todo momento,
-mensajes contrarios-

siempre ambiguos,
siempre de rechazo,
siempre la plática termina en fracaso,
-y enmudeces-

se alarga el tiempo,
los mensajes se hacen lentos,
-luego apareces como si nada-
¡salpicando amor!

y sí,
cuando por fin te veo,
cuando por fin estás en persona,
eres un amor, eres la mejor,

al final y por eso
continúo contigo,
y es por eso
-que no se sufre-

-solo hay aceptación-
-solo hay aprobación-
-solo hay agradecimiento-
-solo por… por placer-

¿quién soy yo para no aceptarlo?

ACEPTADO

ok,
voy aceptando,
-no quería ver-
-no quería entender-

me duele creer que,
de un momento a otro
de "estar bien"
de "estamos bien"

-redireccionas 180 grados-

caminas en contrario,
-camino solo ya-
ya no vamos juntos,
-no te veo a mi lado-

ya no te siento a mi lado,
-se siente feo-
-no te siento-
¿qué cambió?

¿fue por otro?
¿otro capricho de la vida?
-me dice mi mente
que ya no lo intente-

veo cómo me ven tus ojos,
y ya no hay ese brillo,
esa chispa ya se perdió,
¿por quién cambió?

¿por quién de los dos?
extraño ver tu luz al mirarme,
¿se perdió?
-ya no queda de mí-

ya lo sabía,
desde antes de empezar,
pero de nuevo,
-lo intenté-

arriesgué contigo,
me lo propuse,
-lo logré-
pero finalizó,

gracias por tus días,
gracias por tus silencios,
gracias por tus momentos,
gracias, por...

-ya sabes, para qué lo cuento-

empezar en la a
y terminar en la a,
es un mundo profundo,
-da miedo-

pero
me sumergí con gusto,
lo disfruté y hoy:
-todo lo aceptó-

-la voz en mi mente-

DE NUEVO

de nuevo,
regresas a casa,
por el mismo camino,
del mismo lugar,

-de lejos, lejos-

no pude ir por ti,
-perdón-
ya en familia,
-es tu bendición-

sin miedo,
-ánimo-
-eres la mejor-
de la profesión,

te extrañé,
te extraño hoy,
mañana también,
-ya te quiero ver-

¿otra vez?
ya no quiero andar solito,
-ni poquito-
-extraño-

tu mirada,
tu sonrisa,
tus caricias,
tu abrazo,

impredecibles,
incontenibles,

inexplicables,
-somos lo que somos-

nos entendemos,
nos queremos así,
así somos,
-ya me ilusioné de nuevo-

ya estás aquí,
ya me emocioné,
te abrazaré fuerte,
-muy fuerte-

no te soltaré,
no me sueltes,
-sin soltarnos-
ya no te vayas otra vez,

-te quiero aquí-

COMO TÚ

el primer huracán hoy
-la temporada inicia-
¡miedo!
-poder, temor-

tu letra lo encabeza,
con ella se empieza,
-precaución-
impactará mi corazón,

agua, lluvia,
encharcamiento,
-tormenta sin miramiento-
no miento,

lagunas y ríos,
mucho alrededor,
-es sinónimo de inundación-
me duele el corazón,

aire, viento fuerte,
-me mueve, me lleva-
a más de doscientos,
no soportaré más,

¿se quebrará?
-mi vulnerabilidad de cristal-
es caos la tempestad,
-es majestuosidad-

lo veo
y parece que te veo,
-así me miras-
me entiendo, pobre de mí,

desastre provocará,
-soberbio-
arrasará, penas dejará,
-nada lo detendrá-

se parece a ti,
-lo he vivido yo-

la tierra atravesará,
al océano regresará,
-el suelo hará vibrar-
confusión quedará,

un gran lío,
no será fácil,
pero hay esperanza,
¿puedo contar mi historia?

lo veo, me asusta,
-combinación letal-
mi mente me dice:
-es mortal-

¡como ella!
¿a qué nivel?
-nivel intenso-
de acuerdo,

hoy,
el primero,
-sin miedo-
todo va a salir bien,

-como contigo-

NUESTRO CAMINO

caminando,
sigo caminando,
-en la vida-
caminando voy,

caminando hoy,
no he parado de andar,
no me quiero detener,
no puedo, no debo,

caminando voy,
camino el camino,
-mi camino-
sigo mi camino,

he caminado mucho,
-lo he vivido-
hermosos paisajes,
-los he tenido-

¿cansado?
-los miro, me rio-
no lo estoy,
¿hay secreto?

-no-
¿disfrutar?
puede que sí,
¿disfrutas conmigo?

¿lo quieres intentar?
en el camino andamos,
-coincidimos-
por alguien,

¿te digo algo?
-confía-

en el camino,
en el que eliges,

confía en ti,
-camina, hazlo-
confía en él,
-cree-

él te cuidará,
él te protegerá,
y, al final,
él te llevará al final,

y el final será el final,
-tu destino-
la meta,
tu meta,

caminando,
vamos caminando,
¿quieres?
¿conmigo?

mi camino,
tu camino,
nuestro camino,
¿el mismo camino?

¿lo hacemos realidad?

OTRA VEZ

re-enamorar,
re-enamorarte,
¿se puede?
¿se debe?

¿lo quiero?
¿lo quieres?
-lo intentaré-
recuerdo que,

fue en contra que lo logré,
-como el salmón nadé-
pero al final,
-te enamoré-

tú no lo veías,
-lo dudabas-
no lo creías,
-nerviosa reías-

miedo tenías,
y empezaste a creer,
-el amor germinó-
creció, floreció,

-dio frutos-

nació la pasión,
-el corazón enmudeció-
nos hicimos necesario,
-sobrevivimos-

saltamos peripecias,
más de las necesarias,
-quiero más-
-de tu emoción-

quiero:
-escuchar tu corazón-
-hacer brillar tus ojos-
-erizar tus bellos-

quiero:
-hacer temblar tus labios-
-que te falte el aire-
-que te dé taquicardia-

quiero:
-que sude tu espalda-
-que se mojen tus senos-
-que todo sea de nuevo-

y que lo quieras repetir,
-eso es lo bueno-

sigo enamorado de ti,
¿parto de ahí?
¿desventaja mía?
-iniciaré como empecé-

convencer tu mente,
estar en ti presente,
-re-enamorarte-
¿se puede? ¿se debe?

¿lo quiero?
¿lo quieres?

NO LO ES

calor y más calor,
y no es por fiebre,
-no es la nueva enfermedad-
ya no lo es por ella,

frío, más frío,
mucho escalofrío,
-no es la nueva enfermedad-
ya no lo es por ella,

cierto,
yo cansado, agotado,
adolorido, agobiado,
-y no es por la enfermedad-

cierto, ya no,
desorientado, desconcertado,
desesperado, en general
-desanimado-

¿y dónde estás tú?
sí, nuevamente te busco
-no estás en las redes-
te desvaneces,

me lo explicaste muchas veces,
-lo relatas con creces-
me digo entender,
-así eres-

me duele,
al final me hieres,
-no es tu culpa-
no, no lo es,

te espero,
¿espero qué?
al final lo sé,
-pero-

mi intención,
mi pretensión,
no las mando yo,
-las rige mi corazón-

el calor se apoderó de mí,
el frío también se me quedó,
la fiebre, el escalofrío, el hastío,
-mi mente los generó-

mi moral por los suelos,
-la verdad-
-no es la nueva enfermedad-
no hay más,

-mi voz grita que no-

ME QUEDO

gracias, me quedo:

con tu mirada ilusionada,
con aquella de incredulidad,
con tu cara de asombro
cuando repetías que te sorprendía,

gracias, me quedo:

con tu participación,
con tu acción,
con tu sudor,
con tu grito callado estremecedor,

gracias, me quedo:

con tu risa,
con tu emoción,
con tus peripecias,
con tus palabras:

¡amor!
¡te quiero mucho!
¡te amo más!
¡eres increíble!

gracias, me quedo:

con lo que aprendí,
con lo que enseñaste,
con lo que mostraste,
con lo que no se olvida,

gracias, me quedo:

con lo que hice,
con lo que logré una vez más,
con lo que conseguí,
con lo que obtuve de ti,

gracias, me quedo:

con tu intensidad,
con tu explosividad,
con tu amor, con tu pasión,
con ese grito desgarrador,

gracias, me quedo:

con tu ilusión,
con tu paranoia,
-aceptando tu mitomanía-
sin daño al corazón,

gracias, me quedo:

con lo nuestro,
tranquilo, en paz,
lo hice correcto,
-esto hasta aquí llegó-

gracias, me quedo:

con lo que nos disfrutamos,
con lo bonito que la pasamos,
con lo que nos complacimos,
con lo que deleitamos,

gracias…

NI FU, NI FA

ni fu ni fa,
nada fuera de lo normal,
eso me repiten las voces en mi mente,
en todo momento, insistentemente,

las quiero callar, pero persisten,
se ríen, se burlan, me minimizan,
por acabar conmigo tienen prisa,
a mi ilusión por ti ridiculizan,

se burlan de mi amor por ti,
que un tonto soy,
que un ingenuo soy,
-solo eso es decente escribir aquí-

que te burlas de mí,
que tu amor no es real,
que siempre has sido falsa,
que es tu razón de ser,

que este amor que defiendo tanto es
-chapucero-, hecho con prisa,
al dedazo, me restriegan tus acciones,
me repiten tus palabras,

se torna tosco y grosero el momento,
ellas no se callan, -todo el tiempo-
¡fulastre! ¡fulastre! ¡fulastre!
retumba siempre en mi intelecto,

es engañosa, inaceptable, defectuosa,
falsa, podrida, sucia, vil, corrupta,
pilla... no puedo escribir lo demás,
-que eres en quien no se puede confiar-

yo digo que eres fabulosa, lo repito,
-se enojan, se enfadan-
no me dejan en paz, me quitan el sueño,
el apetito, mi atención, mi concentración,

mi enamoramiento por ti lo defiendo,
nuestra relación la idolatro,
que estás enamorada lo recalco,
entonces me gritan que psicótico estoy,

les grito que eres grandiosa, muy buena,
extraordinaria, maravillosa, carcajean,
te defiendo todo el tiempo,
me defiendo todo el tiempo,

cuando por momentos hay paz,
intelectualizo mi realidad,
alineo mis siete chakras,
cierro los ojos, respiro y digo:

-ni fulastre ni fabuloso-
-ni fu ni fa-

VI. LA MENTE Y LA NO REALIDAD

Defender la experiencia y la evidencia es sumamente difícil; la alteración mental en el área de las sensopercepciones resulta aún más difícil de ser comprendida; escuchar, ver, tocar, probar y oler pudiera parecer sencillo, pero ¿cómo entender y cómo aceptar por quien lo vive y por quien lo observa que se pueden experimentar todas ellas sin que existan en la realidad?, vivirlas, creerlas, actuarlas y representarlas resulta para muchos de lo más inverosímil; en ocasiones, quienes están alrededor le dan explicaciones de la misma connotación.

La modificación de la percepción se produce sin un estímulo aparente que la desencadene y la persona lo siente como real; como que está sucediendo sin tener duda de ello; por eso puede oír voces, ver personas, sentir que lo tocan, oler y saborear situaciones que el resto de los individuos no experimentan; esto recibe el nombre de alucinación.

Esta alteración genera en el individuo una interpretación falsa de la realidad, a lo se le conoce como delirio y le conlleva hacer algo al respecto, mayormente situaciones negativas autodestructivas y, en otras ocasiones, en contra de los demás.

Lo más complicado de lo complicado resulta explicar a los adultos (padres) que los niños desde muy pequeños (preescolar, primaria, secundaria y bachillerato) pueden estar teniendo estas expresiones mentales y que son las causantes del mal comportamiento en la casa, en la escuela y del bajo aprovechamiento escolar.

No imito mencionar que es un factor involucrado en la conducta suicida a todas las edades.

SE TERMINÓ

ya no despiertas hoy para ir,
ya se cumplió un año de cumplir,
ya no despiertas hoy para ir,
para ir hoy y regresar mañana,

al fin,

ya no será el mismo camino,
enseñanza, práctica, trabajo,
esa oportunidad acabó ya,
solo recuerdos quedarán,

extrañarás,

se cumplió el tiempo,
agradeciste por lo bueno
y por lo malo que hiciste,
-mucho de eso tuviste-

ni cómo negarlo,
así fue, así lo viviste,
maduraste, creciste,
-otros modos buscarás-

los hallarás,
muy pronto los encontrarás,
ese si es tu don y no es oculto,
ya no me asusto, ya lo viví,

como hoy, mañana,
a tu modo muy peculiar,
-la vida disfrutarás-
viviendo tu realidad,

extraño, justificado,
-no explicado-
a tu forma,
adelante continuarás,

muy lejos llegarás,
el bien y el mal te acompañarán,
el miedo y la confianza
tus aliados serán,

poder tendrás, te dominará,
-cosas peores vendrán-
miedo me das, pero, por lo pronto, hoy
-no te levantas temprano para ir ya-

me quedé esperando hoy,
-como muchas veces-
nuestra oportunidad,
la posibilidad,

el pretexto no se encontró,
-no se buscó-

y al fin yo,

vivo mi locura,
maquilo mi delirio,
te quiero a tu manera,
con ceguera,

CREO EN TI

-ver para creer-
palabras más,
palabras menos,
¿no era solo para ellos?

al final me aplicas el refrán,
-voy entendiendo el contexto-
¿nos envolvió ya?
¿la usamos como pretexto?

lo escucho de ti,
lo leo de ti,
no sé qué sentir,
-te lo dije-

mi mente habló:
"lo que no es visto no es adorado"
y lo sé,
nunca ese refrán he olvidado,

está con marquito rojo,
¿dudas?
el amor no se controla,
-es libre-

nace y crece,
se procura o se va,

un te amo,
es lo máximo en el amor
cuando sale del corazón,
-cuando tiene sentido de realidad-

¿y entonces por qué nos pasa?
¿por qué tanto se cuestiona?
¿por qué nos cuesta trabajo creer?
-en ese no tienes idea de cuánto-

se redirecciona la razón,
insistimos en que es real,
-real de realidad-
aparece y se queda la tranquilidad,

-no nos lo creemos-
-por diferentes razones-

"…y hasta no ver no creer"
-cuando te veo, te creo-
-después es difícil creerte-
¿por mí? o ¿por ti?

-por ambos-
-por las situaciones-
-el amor es creer-
-yo creo en ti-

ÉL

él hace lo que quiere,
él no da explicación,
no se basa en palabras,
su acción es producto del corazón,

       él es así,

nace y sobrevive,
muere y revive,
-sin importar el medio-
él domina todo,

¿bien o mal?
¿bueno o malo?
a veces viceversa,
¿dicotomía total?,

       así es él,

se siente bien,
-sin negación-
-sin objeción-
es el principio, es el final,

nos envuelve, nos arropa,
nos emociona, nos ilusiona,
nos tranquiliza, nos apasiona,
nos enamora, nos abandona,

su lugar no está en el pasado,
su lugar no está en el futuro,
está en el aquí, en el ahora,
¿contigo?

¿está mal? ¿está bien?
¿estás mal? ¿estás bien?
¿estoy mal? ¿estoy bien?
-desplazamiento puro-

es ilógico buscar explicación,
cuando es un ente independiente,
-motivos siempre buscamos-
-los disfrazamos-

¿algo está mal aquí?
-mejor una afirmación-
-aunque esa no sea la cuestión
cuando se tiene vocación-

       él es así,

él hace lo que quiere,
él no da explicación,
me guste o no, él tiene la razón,
y eres tú, tú eres una alucinación,

él hace lo que quiere,
él no da explicación,
su palabra y su acción
-es una desconsideración-

       así es él,

el nuestro finalizó en el principio,
¿lo viste venir?
-y así lo anhelamos-
-tú y yo-

LA MEJOR FORMA DE AMAR

¿es extraño lo extraño?
¿de qué estoy hablando?
-lo hemos platicado ya varias veces-
es extraño y es extraño que lo sea,

nos aparece esa sensación,
lo percibo yo, lo percibes tú,
-lo visualizan ellos-
¿es realidad entonces?

¿no es producto de la fantasía?
todo el tiempo he creído que sí,
ya las pastillas elegí, están ahí,
-en la bolsa de mi pantalón-

me tiembla la mano cuando las toco,
tiembla mi corazón cuando pregunto:
¿y si fuera una alucinación?
él se apura y responde ¿y qué?

-haz el recuento de tu vida,
tú, tú ya vas de salida y ella-
hoy es lo mejor que hay en tu vida,
¿alucinación? es tu mejor herencia,

¿es extraño que alucine?
bien que sé que no, es por mi condición,
pero ¿y tú?, eso sí sería extraño, ¿o no?
¿Dios nos hace y la mente nos une?

¿y qué habría entonces de extraño?
¿dónde estaría lo extraño?
¿en qué también lo veas y lo creas?
¿en qué lo pienses igual?

¡compartimos la misma locura!
-nos enamoramos-
y, cuando estamos solos,
-nos aplicamos y la fomentamos-

nos miramos, nos abrazamos,
nos tocamos, nos fusionamos,
nos aprovechamos sin acatar cordura,
¿eso es extraño?

¿quién nos dice que es extraño?
-sí-, maldita sea, ¡son las voces!
ellas de nuevo, las de dentro de mí,
ellas de nuevo, las de dentro de ti,

¿y dónde está lo extraño?
-estamos a gusto así-
-estamos enamorados así-
-queremos seguir así-

-las pastillas en mi pantalón-

no te preocupes, no te voy a compartir,
no las voy a tomar, no las vas a tomar,
vamos a continuar así, ¿es extraño?
tal vez, pero es la mejor forma de amar,

DÍAS DE MIEDO

hoy un día de esos de miedo,
-al menos en mi cabeza-
pues en los días como hoy
-las voces se incrementan-

aprovechan y se expresan,
hacen relajo, todo se torna del carajo,
me aturden, no me dejan en paz,
-quiero tranquilidad tuya-

¿me vas a extrañar?
¿me vas a querer?
¿vas a seguir enamorada?
-hoy-

alguien muerto aparece frente a mí,
se ríe y se desvanece, mi temor crece,
-raras veces pasa eso-
pero cuando pasa, me enfurece,

me habla el silencio,
solo por un momento, creo,
me sobresalta su grito,
las burlas,

　　　-de nuevo la alucinación-

subo el volumen a la canción,
quiero estar solo conmigo,
solo sin mi mente,
-imposible-

a donde voy, van,
dentro de mí están,
-son mis demonios-
y hoy

¿me vas a extrañar?
¿me vas a querer?
¿vas a seguir enamorada?
-sin mi-

te busco aquí
-pongo atención-
-miedo-
veo tu escribiendo…

respiro, suspiro, me tranquilizo,
te leo,
-me dices-
¡claro!

te extraño,
te quiero mucho más que ayer,
te pienso,
sigo enamorada de ti,

me ahogas de sentimiento,
-la conjugación de los verbos
no es lo tuyo-
-me acurruco en mi capullo-

-estaré aquí a merced-
-de mi mente-
…muchos días más…
hasta verte.

ESPERAMOS ESPERAR

¡ay, amor!
respondes a mi intención de ir por ti,
y te escribo ¿eso es?
¡qué sí quiero!

-qué sí quiero-
te lo he dicho más de mil veces
-que para verte he sobrevivido-
a ti, intenso, vehemente, atrevido,

pero no podemos
por ahora,
necesitamos esperar,
-encomendarnos a la suerte-

suerte hemos tenido
-más de la buena-
y de la mala, no ha sido tan mala
-si tú lo dices yo te creo-

        es tu sentencia,

lo analizamos
-y no encontramos cosas graves-
¿por qué peligrar?
nuestra gracia es esperar,

esperas tú, espero yo,
esperamos esperar,
-incrementa la pasión-
-intensifica el reencuentro-

emociona imaginar,
la fantasía se echa a andar,
la memoria empieza a trabajar
y ambos, a esperar,

nuestra historia es de cuento
y de esos de ciencia ficción,
no hemos fallado en acción,
¡dame tu versión si miento!

y ya hoy amor,
qué más nos queda,
solo contar los días en retroceso
hasta el día final,

        como en el principio,

el principio de un capítulo nuevo
de nuestro libro de vida,
-de una vida juntos-
solos así, mejor,

lo dictará nuestro amor,
lo escribirá el corazón,
lo editará la cordura,
-lo presumirá la locura-

LA VIDA

al cielo nunca lo había visto tan azul,
al agua nunca la había visto tan azul,
nuestro mundo es tan pero tan azul,
-como nunca lo había visto-

¡qué bonito es!

el verde no se queda atrás,
el verde de la vegetación es intenso,
el verde envuelve, conquista,
pero la combinación azul-verde

¡enamora!

las nubes juegan, coquetean,
dan imagen a la razón, la pintan,
vienen y van inquietas, aparecen,
desaparecen, corretean,

¡seducen!

nuestro sol se impone,
-se mueve-
de este a oeste sin parar,
calienta nuestra intención,

-quema la piel
y nuestro corazón-

¡fascinación!

el agua no se detiene, corre,
tiene prisa, el río no se detiene,
brinca, salta, arrasa,
indescriptible, glamoroso,

¡hermoso!

clima, humedad, viento, suelo,
temperatura, relieves,
-todo es para disfrutar-
todo es para encariñar,

¡apasiona!

la oscuridad gusta, gusta mucho,
se ilumina con millones de puntos,
-maravilloso lo que rodea al mundo-
asombra, inexplicable, memorable,

¡fascinable!

la luna indescriptible, natural,
sin palabras, ilumina la noche,
completa el día, y así, continua la vida
-la vida que quiero vivir-

¡solo contigo!

FUISTE

nuestro vínculo resultó ser,
una alteración profunda de la realidad,
vimos, oímos, sentimos lo que no existió,
y a esto le llamamos ¡amor!

-alucinógeno fue-

se necesitó, por ti, por mí,
lo disfrutaste, lo disfruté,
me dio tu energía, te la quité,
se absorbió, por el torrente viajó,

-oxígeno fue-

existió exceso de dulzura, azucarado,
por momentos nos dimos de más,
cierto, nos activó, nos mantuvo unidos,
nos duró, se almacenó,

-glucógeno fue-

no podemos negar que nos enfermó,
ni cómo negar que nos trastornó,
y no hubo explicación médica,
la ciencia no lo creyó, pero existió,

-psicógeno fue-

esta unión en un momento empeoró,
sufrió, desfalleció, casi murió,
resistió varios ataques, sobrevivió,
literal, revivió,

-carcinógeno fue-

nuestra relación real nunca pareció,
no parecía de este mundo,
no era natural, más bien de otro planeta,
de otra galaxia, extraño,

-alienígeno fue-

lo de nosotros tenía mal pronóstico,
entre sospechas se gestó,
con un defecto de origen nació,
así creció, eso lo mató,

-teratógeno fue-

en el recuento me diste proteína,
fibra, activaste mis fibroblastos,
al moverme, al moverte,
al sumar y restar los gastos,

trabajaste mis aminoácidos,
me diste firmeza, elasticidad, estructura,
te lo agradece la piel, el músculo,
ligamentos, tendones y articulaciones,

al final, eso me diste,
lo reafirma la amiga elastina,
que se desbordó en la pasión
y rejuveneció también al corazón,

-mi colágeno fuiste-

95

TATUADO

antes,
no estaba de acuerdo,
-esa idea dominaba mi juicio-
tatuarme, ni cómo pensarlo,

luego,
me empezó a coquetear,
-inició a ser buena intención-
tatuarme, podría considerarlo,

y es que el amor logra todo,
tú eras feliz, yo era feliz,
¿y por qué no buscar más?
ahora, ya no hay marcha atrás,

al final,
resultó que tú serías para mí,
y yo, terminaría enamorado de ti,
así sucedió, así continuamos,

cada vez que lo dices,
más ilusionado me encuentro,
dices que te crea,
que cada día, es más,

lo escribes y lo dices,
que es real de realidad,
que no se me olvide,
-créeme que nunca pasará-

y hoy,
gracias a ti,
ya está tatuado en mi mente,
ya está tatuado en mi corazón,

dos palabras,
dos maravillosas,
dos que valen todo,
dos con las que no se juega,

dos palabras, una frase,
una frase corta muy importante,
honestidad, confianza,
certeza, esperanza y más,

la escucho y la leo de ti,
me enamora que estés enamorada,
que lo digas, que lo demuestres,
-que así sigas-

y hoy,
gracias a ti,
ya está tatuado en mi entendimiento,
ya está tatuado en mi núcleo interior,

dos palabras,
una frase,
que vino de ti,
-se oye y se lee así-

¡te amo!

INCREÍBLE DE CREER

¡eres increíble, amor,
estoy encantada,
fascinada, soñada contigo,
totalmente enamorada!

¡sorry!, lo siento,
te lo digo, te lo escribo
las veces que quieras,
donde quieras lo reafirmo,

                -siempre quiero,
                    entérate-

siempre quiero amor,
aunque no cabe aún en mi mente,
es inaudito saberlo,
es inverosímil verte así,

que sientas todo eso por mí,
ya debo aprender a aceptarlo,
-no entremos en dilema-
-no es el juego de la matatena-

es nuestra vida,
es nuestro rol,
es nuestra fortuna,
es nuestra tortura,

es nuestra realidad,
es nuestra fantasía,
es nuestra cordura,
es nuestra locura,

¿tú? ¿yo?
-felicidad así-
¿qué hacer con tanto amor?
-también te lo preguntas-

                -pides respuesta-
                    ¿vanidosa?

imagino tu sonrisa,
tu mirada huidiza,
tu calma que paraliza,
tu belleza que me cautiva,

tu afirmación
me catapulta de emoción,
-tú con tanto amor para mí
y yo con tanto para ti-

te quiero mucho y
me quieres mucho,
enamorado de ti y
enamorada de mí,

-ese plan si gusta-
-no lo vamos a cambiar-
-pronto nos veremos ya-
-increíble de creer-

GANANCIA

nuevamente
de forma infinita,
-solo dices lo que dices-
-de inmediato callas-

inevitablemente
-mi mente se echa a andar-
toma el control,
me ordena,

palabras van y vienen,
-a tu favor-
siempre en mi contra,
revolotea mi cabeza,

nunca hay certeza,
siempre es una torpeza,
-cierro los ojos para dormir-
mi voz se activa:

**"ojos que no ven,
corazón que no entra en conflicto"**
**"es mejor, mucho mejor eso
y aferrarse a aceptar qué"**

**"el que nada sabe,
nada le da incomodidad"**
**"así han sobrevivido,
es lo óptimo entre tú y ella"**

¿entonces?
¿cuál es la idea?
¿cuál es la intención?
¿no merezco una explicación?

"iba a salir a comer y a tomar algo"
-se cierra la información-
-no hay más comunicación-
-siempre de la misma forma-

mi pensamiento grita que no importa,
tú has dicho que no debo preguntar,
-mi razón insiste en que debiera ser así-
pero

"viene de ella" "y ya no"
las voces dicen
-se burlan de mí-
-se vuelven a reír de mí-

"es complicado"
"no espero que lo entiendas"
"pero valoro tu disposición"
"es lo mejor que puedo decirte"

-palabras antipsicóticas-
y que lo entienda como lo entienda
mi intelecto es su obligación,
-late más rápido mi corazón-

"estamos felices
porque estamos bien"
-nos queremos-
-nos amamos-

¡dicha es!

"no te merezco"
sentencias la ocasión,
-eso me da más miedo-
se cierra con un **"te amo"**

y un **"te creo"**
-y nunca tocamos el tema-
¿ganancia primaria?
¿secundaria?

NUESTRO SHOW

no hablamos,
no conversamos,
-de nosotros no mucho-
-solo actuamos el amor-

¿de la mejor forma?
-naces como la más grande
de mis fortunas-
-hace ya cientos de lunas-

tú dime:
¿cómo lo vives?
-siendo la más valiosa-
-la mejor colocada en mi corazón-

ahí sigues,
es el show de nuestro amor,
¿me conoces?
¿te conozco?

nos decimos que mucho,
y sí, mucho,
pero hay más,
-más es lo que callamos-

nosotros,
-no necesitamos más-
solo vernos, reír, tocarnos,
-cultivar nuestro amor-

así ha pasado mucho tiempo,
¿maduraste?
¿creciste?
-experiencia adquiriste-

caminamos,
-más allá-
¿para disfrutar el amor?
-no podemos negarlo-

no queremos dejarlo,
menos abandonarlo,
-nos aferramos a él-
-lo disfrutamos-

nada le reclamamos,
-ya no-
ya lo aceptamos,
-es así-

es su única forma de existir,
por eso la decisión hoy,
-es querer nuestro show-
bailar al son que toca el corazón,

-solo así callan las voces de la mente-

¿qué importa el comentario de la gente?
-solo nos importan los momentos-
-nuestros momentos-
-así es nuestro amor-

no hablamos,
no conversamos,
no sabemos mucho de nosotros,
-solo actuamos el amor-

-es lo mejor-
-es nuestro show-

DESDE AQUELLA NOCHE

desde aquella noche,
las noches ya no son igual,
desde aquella noche,
-te extraño-

si bien es cierto que
nunca he estado sola,
que nunca estoy sola,
que siempre estás conmigo,

en mi cama,
en mi almohada,
acostado entre mis brazos,
entre mis sabanas y mi peluche,

en la oscuridad me tocas,
tu pecho se junta con los míos,
las piernas se pelean,
-nos encontramos-

mis manos sujetan las tuyas,
les dan dirección, sudan contigo,
me sueltas a la altura de mi ombligo,
-el clima siempre es caluroso-

sin luz, ojos cerrados,
te abrazo, me abrazas,
ya sin energía, qué alegría,
-nos vence el sueño-

en la madrugada,
te mueves de nuevo,
-se reinicia otra vez-
el mundo se vuelve al revés,

con el sol y antes de partir,
imposible no repetir,
por eso hoy, amor,
desde esa noche,

recordar es muy tormentoso,
y otra vez será más complicado,
-considerablemente más-
espero que sea pronto,

                    -es imperioso-

no habrá obstáculo sin saltear,
amenaza que no se pueda esquivar,
temor, miedo, pánico que disipar,
amor que nos proteja para amar,

siempre hemos podido,
-nada a favor hemos tenido-
siempre gloriosos hemos salido,
por eso nos amamos, queda entendido,

-desde aquella noche
no te he dejado ir-
-estás aquí conmigo,
en mi cama-

TÚ, MI MUSA

eres tú mi inspiración,
-ya que, sin ser un artista,
escritor o poeta-
gracias tengo que dar a:

    -Zeus y Mnemosine-

por engendrar en el mundo
a nueve musas, nueve deidades,
-protegían la ciencia, las artes
y la poesía-

-no me favoreció alguna-
ese ingenio me faltó,
ayúdame tú, por favor,
-valora mi humilde intención-

      ¿cómo le hago
      si eres para mí?

una mujer hermosa,
-como una diosa-
que me inspira
y despierta mi ilusión,

¿seré suficiente?
¿para enamorarte?
¿para qué me ames?
-eres la musa para mí-

cascada de flores,
de rimas, de estrofas,
de luz, de profecía,
-poetas y bardos-

su poder aquí lo obtenían,
¿pero yo? me veo,
un bufón me creo,
no me apuesto con más,

¿por mí apostarás?
-tú-
mi divinidad preciosa,
mi musa hermosa,

baja de tu cielo de estrellas,
susúrrame ideas al oído,
inspira a este indocto,
seré fiel en tu culto,

aprenderé el ritual
no te defraudaré,
desde que te vi,
te seguí y te alcancé,

-en tus ojos me perdí-
-me enamoré-
soy tu fámulo encantador,
-tú-

    -mi musa por la eternidad-

TÚ EN MI MENTE

mi mente descansa,
-duermo, no sueño-
mi mente se activa,
-despierto, te busco-

estoy consciente,
-en mi cerebro hay más-
pero no lo voy a decir,
-me dicen que no lo diga-

así estoy más seguro,
más confiado, esperanzado,
procuro estar solo,
-los demás ven que tengo miedo-

me enoja, no saben por qué
y todos se ponen contra mí,
apareces tú, ¿eres real? te veo,
-recuerdo que te amo-

avanza el día,
intenso el sol, hace mucho calor,
pierdo agua, electrolitos,
nublado tu cuerpo veo,

entra la noche,
-me tomo un café contigo-
-me dices que no estás-
que ya falta poco para verme,

no quiero cerrar los ojos
-sé que te voy a perder-
mi mente revolotea de nuevo
-aleja las burlas-

mañana será un nuevo día,
-lo espero, no igual-
pero espero que llegue,
-y que vengas con él-

ya tengo sueño,
-mi mente quiere invernar-
que sea eterno, sería tierno,
-pero solo contigo-

la mente,
-mi mente, tu mente-
son un océano, en superficie
y también en profundidad,

ya quiero vacaciones,
no tener premoniciones,
no saber nada, no esperar nada,
solo confiar,

-en ti-

VII. LA MENTE Y LAS EMOCIONES

Las emociones en el ser humano son un punto especial que no se puede dejar pasar inadvertido; son parte crucial de la esencia del ser humano; sin ellas se encuentra un vacío interminable, no se tendría respuesta humana sencillamente. La alegría, la tristeza, el enojo, el miedo y el desagrado, como las mencionan por ahí, son básicamente emociones que se encuentran en el ser humano de todas partes del mundo; un control adecuado de ellas contribuye a mantener el equilibrio (homeostasis) mental adecuado para enfrentar nuestro día a día en el curso de la vida con adecuada salud mental.

El desequilibrio de alguna de ellas traerá repercusiones mentales de diversa índole que llevará a cambiar al individuo en su comportamiento y conducta; en algunos será evidente que algo está pasando; en muchas ocasiones creemos que, con animar, motivar e incentivar a la persona, debe ser suficiente para que retome su estabilidad. Se sabe y debemos entender que cuando existe ya una alteración mental en las emociones esto no es suficiente y que es el momento de recibir ayuda especializada para identificarla y tratarla.

La medicina ha avanzado significativamente en todas las áreas del ser humano y en la mente se ha hecho énfasis; abordándola en las diversas etapas de la vida como la infancia, la adolescencia, la adultez joven y mayor.

MANIFESTACIÓN

frente a una manifestación,
oigo gritos, veo un bloqueo,
te busco, veo que no estás,
-no físicamente-

se intensifica,
más gritos, forcejean,
-estiro la mano, la tomas-
-eso lo provoca mi mente-

te busco como siempre:
-en todos los lugares que visito-
-en todos los lugares que ando-
-en todos los lugares que camino-

al final,
todo se convierte en nostalgia,
no te veo, no te escucho,
-físicamente no estás aquí-

-siempre en la mente sí-

vas conmigo siempre,
aunque no lo pienses,
aunque no lo sientas,
aunque no lo imagines,

la manifestación continúa,
no tiene para cuándo acabar,
-yo así me quiero expresar-
pero sería solo contra mí,

rodeo la manifestación,
-sonrío por dentro-
-me burlo de mí-
y tú frente a mí,

es un caos,
-un caos en el corazón-
-jaque al pobre-
mejor no me manifiesto,

y te veo,
-te siento a mi lado-
-caminas a mi lado-
-conmigo a todos lados-

mi rodilla se queja ya,
-la tuya resiste más-
¿está más nueva, será?
la manifestación no sé de qué es,

al final,
no importa,
-allá tú, acá yo-
separados físicamente,

molestia,
de ambos dos,
allá tú, acá yo,
-juntos en mi mente-

                   -es lo que se manifiesta-

OTRA SEMANA MÁGICA

a ti, a mí, a nosotros,
-nos la debíamos ya-
siempre la soñamos,
-sin decirlo-

tú, yo, nosotros,
-la anhelábamos ya,
era más que justo,
-nos faltaba, cierto-

la semana abrimos,
la semana cerramos,
-sin dormir-
pero soñando,

    -lo vivimos de ensueño-

cinco días,
-día a día-
diferentes, encantó,
-miedo superaste-

incertidumbre,
-es parte de ti-
lo sabes, lo sé,
-tus ojos fueron diferentes-

les vi esperanza y fe,
-expresaron lo mejor de ti-
muchos más días así,
-lo pediste-

no puedo enumerar que pasó,
algo se me escaparía y sería
imperdonable, no cabría aquí,
-sin palabras mejor-

ya busqué en el diccionario,
en el de la Real Academia
palabra por palabra
y no hay,

    -palabra no hay-

tú, yo, nosotros,
cinco días,
-vencimos la brujería-
-invertimos el hechizo-

    -rompimos paradigmas-

a ti, a mí, a nosotros,
no se nos olvida:
-sembrar la semilla-
cuidarla, echarle agua,

    -su fruto se llama amor-

una semana más, por favor,
una semana de encanto,
una semana de fascinación,
una semana sin final,

    -otra semana mágica-

TU CARA BONITA

la cara de niña bonita,
-la conocí cuando te vi-
la cara de niña perversa,
-la conocí cuando te vi-

orgulloso siempre estuve de ti,
-de mi suerte de tenerte-
hasta mi vida pensé cambiar,
-todo de nuevo echar a volar-

sin pensar, sin chistar,
-todo te creí, así fui-
hasta que esa parte conocí de ti,
-te entendí y entendí-

que mentir era tu caminar,
-que no era culpa tuya-
que nunca lo fue, que fue mía,
-simplemente lo merecía-

ha sido un precio muy alto,
-el más alto que he pagado-
de saber, pero eso nunca es así,
-hasta que te facturan-

y sé que fue una locura,
-pero me arriesgué-
y después… lo seguí haciendo,
-solo por joder-

¿a quién?
-nunca a ti-
por supuesto que, a mí,
-solo por merecer-

¿qué?
la verdad, no lo sé,
ya lo averiguaré,
-si sobrevivo lo veré-

y volví a ver a la luna,
la veo todas las noches,
le hablo y me escucha, lo sé
-porque ahora me responde-

ahora la luna es así,
-ahora es otra-
nunca habría sucedido sin ti,
-gracias, porque-

la cara bonita de la luna,
-la conocí por ti-
la cara oscura de la luna,
-la conocí por ti-

LO APOSTÉ TODO

hace un tiempo
me convencí,
lo estuve, me lo creí,
-te veía y sonreía-

tenerte a ti
para mí fue, era,
impresionante,
-me ilusioné-

y, por eso,
lo armé de nuevo,
remaché mi corazón,
-me esperancé-

abriste tus brazos
y otras estructuras más,
te fue difícil, lo lograste,
-me animé-

las piezas una por una
parecieron acomodarse
y funcionó,
-casi llegamos a los 7-

me viene un recuerdo:
¡lo logré!
y mi mente se apena,
-te veo y sonrío-

mi corazón latió fuerte,
por ti brilló intenso,
sin importar el ilícito
-lo arriesgué-

mi mente se venció,
no dejó de pensar en ti,
sin miedo a perder la cordura
-la desafié-

mi vida,
y el resto toda era tuyo,
para dedicarme a ti,
-la entregué-

hace un tiempo
estuve convencido,
lo estuve, me lo creí,
-te veía y sonreía-

ayer,
todo por ti lo aposté,
hoy,
ya no vale el riesgo,

    -te veo y sonrío-

¿QUIÉN ERES?

eres,
-eres mi motivación
o eres mi perdición-
¿quién eres?

trato de interpretar,
trato de entender,
cuando te leo escribir,
cuando te escucho decir:

        -no estoy mal,
        pero no estoy bien-

¿contradictorio?
nunca los has visto así,
-nada para ti lo es-
-tu pensamiento así es-

he escrito mucho de ti,
de todo, de lo bueno,
de lo mejor, de tu amor,
-y poco de lo malo-

has sido mi motivación
-para bien o para mal-
-me he dado vueltas en lo mismo-
¿eso es perdición?

en fin,
¿pero ya qué hacer?
-nada para atrás-
-ni para tomar fuerzas-

ya qué,
ya ha sido mucho para parar,
se necesita frenar con pared
y no la veo enfrente,

no la quiero invocar,
-continúo mejor de frente-
te escribo más
y te escribo de lo mejor,

así será y
-será como tú-
-ni modos-
es parte de…

me acostumbré
a aceptar que:
-verme mejor
no es sentirme mejor-

para aceptar eso estoy,
-si no-
si no estoy yo para eso,
¿entonces quién?

        ¿quién eres?

NOS AMAMOS TANTO

me preparé,
me senté,
todo acomodé,
el tiempo reservé,

así lo pediste,
-querías hablar-
eso dijiste y solo dijiste:
-dos frases-

-no te entendí-
-pero no quiero que me
expliques-
y ahí terminó…

ahí todo quedó,
así sucedió;
-hace ya varios soles-
-se guardó-

se superó
-en el nombre del amor-
el que aún no nos acabamos
y aún funciona,

nunca murió
-vivió y revivió-
ha estado presente siempre
y hoy grita:

-yo no doy explicación-
-y no tengo por qué dártelas a ti-

y así,
-así continuamos-
en esos términos,
en ese acuerdo,

vivimos maravillas:
-viajamos fuera del planeta-
-con los ojos cerrados-
muy enamorados,

es una fascinación,
pero al rozar el punto:
se desconfigura el amor
y dices, solo escucho:

-ni siquiera me molesta no verte-
-prefiero no hablar contigo-

¿algo tengo que decir?
¿sin más explicación?
¿solo así?
-este es nuestro amor-

nos amamos tanto…

EXTRAÑO

extraño,

realmente extraño,
-lo extraño-
han pasado minutos ya,
-muchos-

extraño,

realmente extraño,
-lo extraño-
horas, días, semanas ya,
-muchas-

y extraño,

mucho, real, mucho,
más que mucho,
me sorprende,
pero no me asusta,

y eso es lo más extraño,
porque es extraño que
es el que más ha tardado,
es del que quiero estar enamorado,

se me hace extraño,
-que me juré seguir enamorado-
-que te elegí para mi final-
y mi mente no lo entiende,

y sí, es extraño,
y solo es así, extraño,
-es una sensación extraña-
extraña de extrañeza,

y se extraña,
se extraña a estas alturas,
-que vea lo que vea-
-que pase lo que pasa-

se extraña,
que se ve la luz,
que se ve el final
-y que no coincida-

es extraño,
sentir lo que se siente,
-no es la misma vida-
es extraño,

y extraño:

lo bello y lo feo,
extraño esa sensación,
esa que nace sin querer,
esa que duele sin merecer,

eso es extraño,
eso extraño sentir,
-sorry-
eso ya no se siente por ti…

-extraño-
-extraño no extrañarte ya-

110

SU MOTE

descubrí que no veía
-cuando no vio que la vi-
estuve frente a ella,
-pasó por ahí-

      -externó que mentía-

pensé que era solo a mí,
-me sorprendí-
-me decepcioné-
confabuló,

      -una historia inventó-

y sucedió de nuevo,
-una fantasía elaboró-
y sucedieron más,
-su mote reafirmó-

y como ella a mí,
-le creí-
-la vida en común-
nos convenía,

el placer mandaba
y proveía,
-nos acomodamos de nuevo-
sin ser igual,

no lo negamos,
fue placentero
pero sin ir para adelante,
-nos movíamos en círculo-

solo por inercia,
el futuro en común desapareció,
y duró lo que tenía que durar,
-ni más, ni menos-

años y meses después de eso,
-no lo creíamos-
pero duró,
eso más miedo le dio,

su temor la alejó,
-lo consideró-
se dijo: -de aquí no soy-
-sí me quedo, ya no me voy-

y ya no volvió,
su perfil cambió,
-disociación-
-mente corazón-

y desde entonces
se editó y se agregó
en su identificación
el sobrenombre de:

          -mitómana-

CORAZÓN DISOCIADO

no lo sé por ti,
la verdad, no lo sé,
aún no lo sé,
¿qué pasó?

    ¿culpo a las hormonas?

¿ellas te cambiaron el chip?
¿fue el cambió de color?
-te fuiste de ahí sin decir nada
y ya no regresaste-

en línea fuiste otra,
-rara-
-bueno, más-
todo lo tiraste, lo botaste,

    y la culpa me echaste,

fuiste intensa,
-tus mecanismos de defensa-
me los aplicaste,
¿sabes cuáles?

el de miedosa,
el de temerosa,
el de cobarde,
perdón,

negación,
proyección,
formación reactiva,
disociación,

-gracias-
la verdad que sí,
-muchas gracias-
yo ya sabía el final

desde antes de empezar,
-lo sabías-
cómo iba a terminar,
en tu inconsciente estaba,

amor,
realmente pudimos puntuar,
pero no, se falló,
¿por?

hoy,
espero que
-cotejes tu realidad
con la realidad-

    -fuiste mi corazón disociado-

SOLO PASIÓN

te veo,
te escucho,
miras, solo miras,
y no dices nada,

      -soñé escucharte-

¿eres mi amor?
-respondes que sí-
¿eres mi amor?
si no, ¿estuviera aquí?

¿y para qué hablar?
mejor practicar el abrazo,
te levantas, nos fusionamos,
-nos besamos-

y
todo se olvida,
nada importa,
nada,

    -solo nosotros importamos-

sí,
tú y yo,
-lo hacemos siempre-
todo en nombre del amor,

de nuestro amor,
ese inexplicable,
ese impredecible,
ese tan fuerte y tan frágil,

es amor de dos,
es la suma de los dos,
de ti y de mí,
-de tu ser, de mí ser-

vivir así ha sido lo mejor
para los dos, hasta hoy,
-nuestra vida con amor-
si no, ya no lo es,

nuestro amor es:
complemento,
cumplimiento,
¿lo estamos haciendo?

      -para qué hablar-

¿somos honestos?
-los dos-
amor que no es honesto
no es amor,

      -es solo pasión-

QUISIERA

en verdad quisiera que:

como lo haces hoy,
-hoy que inicias lo nuevo-
lo novedoso, lo esperado,
lo tan anhelado,

-eso-
la realidad que se busca alcanzar,
la meta que se espera cruzar,
el inicio que se da al final,

-eso-
que se inicia en un momento,
al despertar, al llegar,
al empezar a actuar,

-y se termina en un año-
en verdad quisiera qué:

recuerdes que ayer,
todo era incertidumbre,
-y otros-
bien sabes que caminarían en la lumbre,

-por tener tu día hoy-

por eso,
¡felicidades! ¡te amo! ¡eres mi amor!
has llegado, estás iniciando,
te deseo lo mejor, ¡así será!

no necesitas más,
confía, sonríe,
te lo has ganado,
ya lo sabes, creo en ti,

en verdad quisiera qué:

así como hoy estoy,
me lleves en tu caminar,
te juro, te ayudo a contar
y te diré 365 al terminar,

es un final hoy,
es un inicio hoy,
es un continuo hoy,
-es especial el día hoy-

eres la mejor,
lo digo sin temor, cierto,
con la mano en el corazón:
-enamorado de ti estoy-

en verdad quisiera aprovechar:

para hacerlo hoy,
-terminar y reiniciar-
-borrar y reescribir-
-renacer lo nuestro-

MI MENTE

la mente, mi mente,
-nunca descansa-
¿piensa o me habla?
-no se detiene nunca-

es enfermizo,
es obsesivo,
¿es psicótico?
-eso suena mejor-

        ¿o no?

me apareces,
te veo en todos lugares,
-en todos-
-hasta en los que es imposible-

y me hablas,
en el café,
entre la gente,
-sé, eres producto de mi mente-

y lo sé,
bien que lo sé,
que no eres tú,
-pero te veo, te escucho-

y ya no sé qué hacer,
ya termino haciendo lo que dices,
lo que quieres, lo que mandas,
-ya me controlas-

es tormentoso,
es odioso, fastidia,

me enloquece, me enfada,
-ya no tengo control-

me pides cosas,
quieres que las haga,
y la mayoría no son buenas,
-ya creo que las merezco-

me atormenta,
dejo que mi mente me mienta,
ya no distingo la realidad,
-tengo miedo-

ya no aguanto,
ya perdí, ya me perdí,
te veo, te escucho,
-voy a hacer lo que quieres-

        para dejar de vivir…

SIN TI NO SABE IGUAL

es una bebida espesa,
-la mejor de mi Tabasco-
cacao y maíz combinado,
frío, simple o azucarado,

es delicioso, se toma solo
o con dulce acompañado,
con papaya de la chica
y también de la grande,

tu gusto es el mejor,
se acompaña con coco o cocoyol,
-tomarlo contigo es amor-
el pretexto perfecto es el calor,

con él,
-ahuyentamos el desayuno-
pero nuestra mañana
no la pasamos en ayuno,

es una bebida muy sabrosa,
que contigo, más se apetece,
-la sensación crece-
el momento se hace inolvidable,

hoy el pozol ya no sabe igual,
-ya no estás aquí, no estás-
andas de aquí para allá,
de allá para acá nuevamente,

desde tu casa a la frontera,
del sol a lo cálido,
-y no es válido exigirte-
solo agradecer y creer,

paso y veo, no lo creo,
no estás, no doy la vuelta,
sigo de frente, el lugar evito,
-es momento de dar un grito-

y gritar que sin ti:
¡el pozol no sabe igual!
-y aunque no lo tomo-
no se me antoja,

       -y me enoja-

CHAKRA

todo empieza donde termina,
en la misma realidad existencial,
en la nada, sin nada,
-en el mismo lugar-

cierra los párpados,
-abre tu ojo, el tercero-
-estimula tu sexto chakra-
mira más allá, muy adelante,

uno más uno suma siete,
-lo glandular se activa-
-lo endocrinológico funciona-
¿crees en la incredulidad?

frunce el entrecejo,
escucha, guarda silencio,
-la hipófisis te hablará-
-el hipotálamo lo sabe-

¡las emociones!
muchas más razones,
todas para mirar,
-para cerrar los párpados-

tranquilidad,
paz, armonía,
-vivir, vivir-
-sentir, sentir bien-

controlar la ira,
el miedo, la tristeza,
-menos indiferencia-
y disfrutar la alegría,

el desamor,
-él, él es solo amor-
-es amor del amor,
en la otra dirección-

por eso,
-todo empieza donde termina-
-no es incógnita existencial-
es real de la realidad,

cierra los párpados,
abre tu mente, mira,
déjate mirar, mírate,
todos te verán,

aquí termina,
aquí empieza,
elévate, alcánzate,
encuéntrate, conócete,

sé tú,
-te gustarás-

OPORTUNIDAD

la oportunidad,
-ya no aprovechas-
se dan a diario,
se siguen dando,

tienen esa intención,
-motivar a tu corazón-
antes funcionaba,
al inicio fue emocionante,

relevante, interesante,
ahora no, ya no lo es,
-es lo que hay-
-eso dices-

la oportunidad sigue,
los mensajes sigo mandando,
-hoy, solos quedaron-
¿molestan?

ahora se evitan
-parece que incomoda-
¿por qué? ¿qué sucedió?
¿tu amor ya se terminó?

antes funcionaban,
al inicio fue brillante,
excitante, impresionante,
-ahora es lo que hay-

se va la oportunidad,
-junto con mi mensaje-
termina mal visto, ofensivo,
lo acusas de agresivo,

dame una respuesta,
-que sea perfecta-
para el amor,
para el corazón,

-puede ser un simple emoticón-
pero ya no, ya no lo hay,
-la respuesta-
-termina en mal entendido-

-la intención se esfuma-
el amor desaparece,
tus mensajes los extraño,
y los que hay, me dan miedo,

te imagino
y odio mi imaginación,
-aprovecha la oportunidad-
de recordar:

-que te amo y que me amas-
-que brincamos la tempestad-
-que seguimos muy bien-
-los dos-

VIII. LA MENTE Y EL SER

El ser humano, como parte de su estabilidad mental, requiere de autoevaluarse constante, frecuente y positivamente; pero en algún punto se quiebra el orden y la cordura; manifestando comportamientos de forma negativa, resultado de una alteración en el funcionamiento mental; el desorden mental entonces lo podemos ver hasta en las formas más sutiles que podrían pasar desapercibidas, aceptadas e incluso motivadas por la misma sociedad.

La personalidad tiene muchas vertientes y se inicia desde la gestación misma con varios factores que se conjugan hasta consolidarse y moldearse en el día a día; juega un papel muy importante la genética, sobre de ella se superponen escenarios de la vida a los que se enfrenta el individuo y que hacen que se vaya -activando- una habilidad, una cualidad, un modo, un cómo, un puedo, un debo, un quiero y demás formas de enfrentar la vida positiva o negativamente en la forma individual de cada persona; lo que nos hace -únicos- y a lo que llamamos: personalidad.

Existen personalidades con alteraciones mentales propiamente dichas, per se; varias, de diferentes formas, todas menos una, sufren en algún grado de sufrimiento por su forma de ser. Todas, a su alrededor, generan en su familia dificultades de socialización por la misma forma de ser; a esta condición mental se le conoce como trastornos de personalidad, son poco diagnosticados y reciben por ello muy pocos un tratamiento adecuado.

QUE SE PAREZCA

por todos los tiempos
-la duda ancestral-
siempre ha estado presente,
-desde que la noticia aparece-

y la duda crece,
-tanto crece-
como él mismo,
-es la duda razonable-

entendible,
justificable,
inquietante,
-tiene que parecerse a mí-

así debería de ser,
no es por egoísmo,
-solo es-
-así debe ser-

      -con justa razón-

¡porque lo cargo yo!
¡porque crece en mí!
¡porque lo vivo yo!
¡porque saldrá de mí!

te veo y dudo,
-en parte quisiera-
que traiga algo de ti,
¿pero qué? ¡no!

mejor que no,
-que se parezca todo a mí-
-todo de mí-
que se rompa la costumbre,

      -por justa razón-

¿saber o no saber?
¿niño, niña?
¿cuál es la prisa?
-a quien se va a parecer-

pero es así,
siempre ha sido así,
-y así seguirá-
¿por qué cambiar?

-mejor no-
que se parezca a…
-mejor no-
será bonito nomás,

      -con justa razón-

FUE UN PLACER

fue un placer,
la verdad, lo fue,
lo disfruté intensamente,
-con todas las emociones-

y sí lo fue,
fue un deleite,
un regalo, una fruición,
-me complací-

y así fue,
lo gocé,
me fascinó, lo agradecí,
-me regocijé-

y no fue de otro modo,
júbilo sentí,
afortunado fui, y sí,
-me agradó-

y fue, y fue,
ya fue… divertido,
entretenido, complacido yo,
-me alegró-

y siempre fue,
gracias a ti, día con día,
una delicia, una primicia,
-me satisfice-

y ya fue,
te lo agradezco,
lo merezco, ¿por qué no?
-me lo gané-

y como ya fue,
fue un placer,
difícil decir que no,
-me gustó-

y finalmente fue,
al final sí fue de verdad,
ya no se podía más,
-me colmé-

y llegamos al final,
al final del final,
y en el recuento final
no queda más que reconocer

que fue un placer,
un verdadero placer,
un inmenso placer,
-placer desmedido-

-eso fuiste para mí-
gracias…

121

DESDE MI CORAZÓN, MAMÁ

…¡soy un niño!
¿el colado?
¿tendré hermanos?
¿hermanas?
¿seré único?
¡estoy emocionado!
¡muy ilusionado!
quiero ver tus ojos,
esos que le gustan a mi papá,
¡estoy apurado!
por tocar tu cara,
por estar en tus brazos,
por tus besos en mí,
cierto,
me da miedo estar fuera,
aquí estoy bien,
apretadito, pero bien,
estoy alimentadito, poquito
pero suficiente, en el peso,
me dijeron hoy que voy bien,
ya me muevo, ¿me sientes?
disculpa, hago espacio,
voy despacio, ahí voy,
¿me esperas?
ten paciencia,
-me alerta tu angustia-
tranquila,
-al final reiremos-
de todo, de todo esto,
mis abuelos lo entenderán,
a mí, a mí sé que me querrán,
y tendré un padre,
un padre al que ya escuché
que siempre estará…

y que ya quiero conocer,
porque un par de veces me despertó
-lo despertaré muchas veces a él-
ya, ya, todo en orden,
todo va bien,
voy al frío,
sé que me va a gustar,
porque tú, madre,
me vas a cuidar,
allá es familia también
y la voy a escuchar,
…madre… sin prisa,
-llegaré en tu día-
el día de todas ustedes…
-será una celebración doble-
madre,
mi amor brota de tu corazón,
tú y yo seremos uno mismo,
-los tres-

madre, madre, te amo…
-te lo digo desde mi corazón-
ese, ese que latió por ti y para ti,
ese que se detuvo… hoy...
y no sé por qué, pero me voy,

-adiós, mamá-
-ya no soy-

OBJETO DE ESTUDIO

en el proceso,
en el estudio, en el análisis,
siempre investigador,
-eterno aprendiz-

de la vida, de la relación,
de eso que llaman:
-amor-
he hecho de todo,

      -también por ti-

he sumado,
restado, multiplicado,
dividido, he ganado,
-he perdido más-

más de lo más,
-más-
no me salen las cuentas,
situación cruenta,

ni tú y ni yo,
lo tomamos en cuenta,
por eso seguimos adelante
por eso, se validó el estudio,

¿de tu proceso?
¿o del mío?
en fin,
del de los dos,

      -sin conclusiones-

la hipótesis no cuadra,
¿repetir el experimento?
-no miento-
es interesante seguir adelante,

cada vez eres más fascinante
-te veo-
-mi sujeto de estudio-
muchas perspectivas,

más negativas que positivas,
pero es lo que hay,
-siempre lo dices-
¿para qué me sorprendo?

es parte de… el resto,
es de lo mismo,
de lo acumulado,
de la parte de estar:

      -enamorado-

pero al final lo inesperado,
y se cierra el estudio,
pues el fruto de ello,
-simplemente desapareció-

ME SALIÓ MAL

en cada momento,
en todos los tiempos,
siempre me pasa,
siempre me ha pasado,

y no me lo explico,
¿por qué duele escucharlo?
¿o por qué ni siquiera lo veo?
pero siempre me sucede,

y sucede, una y otra vez,
-ene número de veces-
ocasión tras ocasión,
duele, realmente duele,

me duele ver cómo fallo,
una, dos, tres veces,
con las mismas cosas, mis cosas,
-las mentales-

entre ellas tú,
la que siempre está en mi mente,
la que he buscado en varias personas
-y siempre eres la que me sale mal-

¿seré yo?
¿serás tú?
¿seremos ambos dos?
-tal vez no hay nadie para mí-

no como eres,
no como te busco,
no como eres,
no como te encuentro,

no, no,
¿pero quién soy yo?
¿tengo derecho?
¿puedo exigirlo?

la verdad no lo sé
y ni quiero averiguarlo,
solo sé que tú eres,
eres una más, una más,

sí, perdón,
de esas cosas en mi mente,
que viven en mi mente y que,
-siempre me han salido mal-

y siento,
solo siento que sucede
porque me hice una persona
que me salió mal…

NO FUE POCO

te vi,
-la primera vez-
aún recuerdo esa vez,
¿circunstancial?

la quiero desaparecer,
-pero no olvidarla-
porque no deseo abandonar
la paz que me transmitió verte,

ver, ver tus ojos
-soñadores-
mi amiga me grita,
me reclama su oportunidad,

-la de tenerte-
hoy ya pasó, ella puede,
-pero no quiere-
dice que no ha pasado aún,

que duró muy poco,
¿fue lo suficiente?
-lo necesitaba-
sí,

y aunque fue muy poco,
tú tampoco lo ves poco,
pero tú más loco,
-pero-

es imposible olvidarte,
desaparecerte, no quererte,
no querer tenerte,
-como buen amigo-

no sé si podré,
no sé si lo querré,
no sé si lo soportaré,
¿tú podrás?

si lo consigues,
me pasas la receta por favor,
real, por el amor,
por el mío, por el tuyo,

por el de los dos,
hoy lo puedo escribir,
lo puedo contar,
ya lo puedo platicar sin llorar,

y quiero verte,
ver tus ojos,
verme en ellos, reír,
-simplemente ser feliz-

APEGO

-siempre lo has evitado-
de una, de otra,
de todas las formas,
¿no te has dado cuenta?

¿no?
siempre te preguntas
¿por qué?
¿por qué siempre tengo miedo?

y no entiendes,
-no sabes cómo-
¿y ahora?
-nunca has sabido-

       -así te criaron-

solo te hicieron daño,
-miedo te sembraron-
hoy confiar evitas,
-tu apego no es seguro-

y lo único seguro hoy,
es que vivir contigo nunca,
nunca lo conoceré,
-porque tienes miedo-

miedo,
miedo a que te guste,
miedo a que no te quieras ir,
miedo a que no te puedas ir,

y te miro,
me sorprendo mirándote,
me sorprende que me gustes,
pero

eres,
ya sé cómo eres,
y debería tener miedo,
-pero mi mente me lleva la contra-

mi mente se ríe,
las voces me advierten,
-pero hoy como ayer-
-no les hago caso-

        ¿te puedo ayudar?
        ¿te quiero ayudar?
       ¿te debería ayudar?
        ¿es necesario?

y la voz me responde:
-no debes intervenir-

te veo reír,
pero no me confió,
tú no confías,
eres así,

      -no te quiero herir más-
      -no me quiero mentir-

INTOXICACIÓN POR TI

-es-

una consecuencia grave
y a veces mortal,
el preservarte y atesorarte
en poco tiempo y en gran cantidad,

sin darle oportunidad
al corazón de metabolizarte,
-esa sensación-
esa que provoca:

que la sangre se amotine,
que la respiración se dificulte,
que la taquicardia se acelere,
que la piel se queme,

que incapacite la náusea,
que el mareo, el vómito
aparezca,
que en desmayo termine,

que exista el riesgo de la cianosis,
de la convulsión,
que termine yo en confusión,
que me ahogue la deshidratación,

¿y si mi cerebro se daña?
¿y si mi memoria se olvida?

-prefiero entrar en coma
y continuar con la muerte,
a perderte-
sabes que sí,

¿estoy intoxicado?
-intoxicación de ti, amor-
¿cómo la puedo prevenir?
si ya te probé, si ya te bebí,

y sí, ya,
ya en ti me perdí,
ya no te puedo evitar,
-ya eres mi necesidad-

hoy dependo de ti,
tengo de ti síndrome de abstinencia,
-aunque quiera, aunque deba,
ya no está en mí, quedarme sin ti-

¿medicina, terapia, religión?
-díganme-
¿qué ayudaría a mi corazón?
si ya tengo de ti adicción,

perdón, perdón,
es solo que
ya deliro y me confunde,
lo confundo con:

-mi locura-

SOY LA PRIMERA

…no sé cómo empezar,
porque empezaron sin quererlo,
sin saberlo, sin necesitarlo,
sin planearlo, así fui yo,

       -la primera-

sí,
como casi todo lo primero,
casi siempre sale mal,
casi siempre no gusta,

así viví,
así crecí,
así me sentí,
aun así, soy hoy,

trabajo me ha costado,
he caminado,
los pies me he lastimado,
pero no me he detenido,

ya soy yo,
cada vez más yo,
te entiendo, lo entiendo,
los entiendo…

no necesitan perdón,
nunca tuve rencor,
hoy menos, hoy,
hoy los disfruto ya,

con ellos, a ellos,
a veces, los envidio,
pero, es del bueno,
-me da gusto que se les dé-

y la primera vez es,
es lo que soy,
y soy, soy lo que seré,
seré mejor, mucho mejor,

lloro, rio, me enojo,
me frustro,
pero sé, bien sé,
que soy un amor,

un amor en evolución,
que tiene grande el corazón,
donde… donde estarán, vivirán,
donde habitarán,

y yo
evolucionaré ese amor,
para que me haga cambiar la visión,
para que me haga cambiar la sensación,

la sensación de que así salí:
"como el primer hot cakes"
yo, quemada, mal hecha,
-fea-

       -hoy empezaré,
        eso cambiaré-

SIGO ASÍ

-hoy temprano-

me fui con prisa,
-como todos los días-
caminé el pasillo del frente,
-me tapaba la vista la gente-

me apuré,
tus zapatos tenis busqué,
-no los encontré-
había sillas vacías,

-varias-

y ya no estabas tú,
hoy ya no,
en una de ellas me senté,
-te esperé-

la alucinación no llegó,
la voz en mi mente calló,
-vacío me sentí-
nuevamente sin ti,

y me pregunté,
¿por qué?
-después de-
¿por qué?

¿necesito verte?
¿me sigue gustando?
¿extraño no encontrarte?
¿por qué?

no quiero respuesta,
tengo miedo,
solo quiero llegar y…
-verte de nuevo-

tocar tus dedos,
agarrar tu mano,
sentir calambre,
cargar tu maleta,

verme en tus ojos,
eso querré,
ya sé,
-de ellos me enamoré-

y hoy,
ni me ven,
¿cómo llamo a esto?
¿cómo vivo con esto?

solo sé qué mañana,
-si tú quieres te veré-
yo seguiré aquí,
siempre así:

-enamorado de ti-

VOLVER A LO MISMO

estuve ahí,
-ya pasé por eso-

estás volviendo al mismo punto,
en el que terminamos mal aquella vez,
ya pasamos por "ese"
-estar juntos por el resto de la vida-

y no funcionó,
-justo como dije-
y decirlo de nuevo
no va a cambiar las cosas,

-hola-

evidentemente,
te quiero mucho,
y sigo estando
y sigo cayendo,

porque no puedo borrar
los sentimientos,
los planes,
ni lo que idealice contigo,

-no de un día para otro-
creo que no es necesario,
no debería decirlo,
pero siempre que me sigas buscando,

-yo seguiré estando ahí-

natural,
seguir viéndote y encontrándote,

-por casualidad o no-
me da cierta tranquilidad,

sé que eso no está bien,
pero no tengo otro lugar,
el espacio y los horarios siguen,
son los mismos,

-encontrarnos-
aun sin querer estará,

hablar contigo de mí,
-decirte lo que quiero-
-lo que necesito-
-lo que pasa-

no va a cambiar las cosas,
-antes ya-
ya sabías mi situación,
y eso no impidió la decisión,

-la que se tomó-
quisiera dar la respuesta que quieres,
decir:
-nada pasa-

pero hablarlo otra vez,
no va a cambiar lo que pasó
y lo que pasa,
por eso prefiero callar,

aunque no sé si sea lo
mejor…

¿QUÉ TANTO HEMOS CAMBIADO?

En una época de la historia humana, a las **enfermedades mentales** *se les negó su existencia y se les atribuyó que eran resultado de manipulación diabólica; la iglesia excluyó a la psiquiatría de la medicina, pero no se abolió completamente, reapareció con el nombre de* **demoniología** *y bajo el argumento de que "se tenía que conocer al demonio para combatirlo, vencerlo, eliminarlo y que, para sacarlo de la gente, era necesario conocer y estudiar los signos y síntomas, así como la influencia del diablo sobre la gente", sobrevivió y persiste a la fecha sorteando otras amenazas de la nueva era.*

Y la **psiquiatría** *sobrevivirá en el futuro ante las amenazas actuales; muchas de ellas motivadas por la sociedad, entre ella la misma médica; ¿pasará la* **psiquiatría** *a ser conocida como la especialidad de los* **médicos** *especialistas en salud mental? Eso podría mitigar el temor que se le tiene al nombre de* **psiquiatría**, *tanto por los estudiantes de medicina para estudiarla como de los médicos para apoyarse de ella en beneficio de sus pacientes y de la misma sociedad para solicitar de atención cuando lo necesiten. ¿será así?*

UN DÍA ANTES

desde hace muchos días,
te vi, me gustaste,
-eras un imposible siquiera
para pensarlo-

pero
me miraste,
me respondiste,
-quedamos-

y nos vimos,
saliste cuando llegué,
simplemente apareciste,
real,

-me sorprendiste-

y de ahí,
todo para adelante,
poco a poco
se dio,

tus manos frías,
-calentarlas necesité-
ese fue el papel tuyo,
ese fue el papel que acepté,

y dimos una vuelta,
y luego dos,
y luego más grande,
y conociste más allá

y allá,
el olor de tus manos descubrí,
varios besos le di,
fue muy bonito lo que sentí,

y sentí,
sentí taquicardia,
-no la pude ocultar-
menos negar,

¿nerviosos los dos?
-ni modos que no-
-ese beso se dio-
y toda la noche cambió,

mi perfume
en tus manos quedó,
-eso a ambos gustó-
-empieza la fusión-

por eso,
a partir de hoy,
-no quiero nada más-
a partir de hoy,

-mi vida se llama tú-

y fue,
solo fue,
fue,
un día antes del 14…